Günter

DAS GENDER-DIKTAT

Wie eine Minderheit unsere Sprache zerlegt

Bibliografische Information der Deutschen Bibliothek
Die Deutsche Bibliothek verzeichnet diese Publikation in der
Deutschen Nationalbibliografie; detaillierte bibliografische Daten
sind im Internet über <http://dnb.ddb.de> abrufbar.

Umschlagabbildung:
Adobe Stock 575736042 / Tomasz Bidermann

© 2023 Aschendorff Verlag GmbH & Co. KG, Münster

www.aschendorff-buchverlag.de

Das Werk ist urheberrechtlich geschützt. Die dadurch begründeten Rechte, insbesondere die der Übersetzung, des Nachdrucks, der Entnahme von Abbildungen, der Funksendung, der Wiedergabe auf fotomechanischem oder ähnlichem Wege und der Speicherung in Datenverarbeitungsanlagen bleiben, auch bei nur auszugsweiser Verwertung, vorbehalten. Die Vergütungsansprüche des § 54 UrhG werden durch die Verwertungsgesellschaft Wort wahrgenommen.

Printed in Germany

ISBN 978-3-402-24998-7

Günter Müchler
DAS GENDER-DIKTAT

Inhalt

Kulturkampf unter Tage	7
Schutzraum Muttersprache	15
Von der Jungfrau zum Flittchen	16
Deutscher Nachahmungseifer	18
Ist richtig Schreiben elitistisch?	21
Denglisch und Demokratie	25
Miniwahr und Minilieb	33
Luise F. Pusch erklärt den Krieg	38
Postmodernisten zerlegen die Wahrheit	40
Sexus und Gender	42
Die „Sichtbarmachung" der Frau	44
Schon Justinian wußte	47
Die verkleinerte Kanzlerin	49
Von Gästinnen und Gästen	51
Frau Reker ist nur für die Männer da	54
Opfer überkreuz: Wo bleibt das dritte Geschlecht?	55
Tote Radfahrende und zuhause gebliebene Wählende	59
Die Anmaßung der Selbstgerechten	63
Volkes Stimme	67
Verantwortung nirgends	70
Die Hilfstruppen des Genderns	72
Beamtete Unterstützer	74
Gender-Spreader Nr. 1: Der Rundfunk	78
„Jeder Jeck ist anders"	81
Die Akrobaten des Glottisschlags	83
In den Redaktionen: Tugendwächter und Mitläufer	86
Identitätspolitik und Apartheid	89
Unwort Winnetou	93
Rassismus als Erbsünde	106

Risse im Opferbündnis	108
Platons „edle Lüge": Der Gender-Pay-Gap	113
Die Regenbogenfahne als Nationalsymbol?	117
DFB in Katar: Turnier verloren, Kreuzzug auch	120
Die Einäugigkeit der Postkolonialisten	123
Gotteskrieger ziehen gegen den Westen	125
Vorwärts in die Vergangenheit	128
Die Mär vom rassistischen Deutschland	131
Frauenthema Frauenquote?	138
Wolfgang Thierse wundert sich	141
Gesellschaft mit Schulterblick	149
Unsere Sprache: der Ort des Wir	153
Anmerkungen	157
Literatur	163

Kulturkampf unter Tage

Sage niemand, es gäbe bei uns keine echten Probleme! Seit dem russischen Überfall auf die Ukraine wissen wir, daß Kriege nicht nur am anderen Ende der Welt stattfinden. Extremwetterlagen sind untrügliche Vorboten einer Klimawende, die wir gern wegklügeln würden, die aber furchtbar werden wird, wenn wir den Kopf in den Sand stecken. Energieknappheit und steigende Lebensmittelpreise führen uns vor Augen, daß elementare Aufgaben der Daseinsvorsorge wie der Schutz vor Kälte und Hunger auch in unseren Breiten keineswegs abgehakt sind.

Vor diesem Hintergrund wirkt der Kulturkampf, der gegenwärtig unter dem Panier der Identitätspolitik mit missionarischem Eifer geführt wird, wie der frivole Luxus eines akademischen Milieus, das sich von den Sorgen und Beschäftigungen der Bevölkerungsmehrheit abgekoppelt hat. Die meisten Menschen sind verstört von den Kriegsbildern aus dem Osten Europas, sie sehen besorgt auf ihre Gasrechnung und fragen sich, wer einmal für die gigantischen Schulden aufkommen soll, die der Staat aufnimmt. Es wird wohl an den Enkeln hängenbleiben. Vom Streit der Worte nehmen sie kaum Notiz. Sie wundern sich nur.

Sie wundern sich, daß als oberstes Gebot zeitgemäßer Kommunikation die litaneimäßige Unterscheidung von Mann und Frau gelehrt wird, obwohl noch gestern das Gegenteil gepredigt wurde, nämlich die Überwindung der Geschlechterrollen. Sie sind überrascht zu hören, daß die Zukunft angeblich nur dann bewältigt werden kann, wenn die Unzulänglichkeiten der Gegenwart durch die Vergangenheit erklärt werden, nämlich die vor hundert Jahren beendete Kolonialepoche. Sie verstehen nicht, wie man behaupten kann, in Deutschland seien Rassismus und Islamfeindlichkeit an der Tagesordnung, wo doch Jahr für Jahr hunderttausend und mehr Menschen in unserem Land Schutz und Arbeit suchen, viele von ihnen mohammedanischen Glaubens. Stirnrunzelnd lesen sie Briefe von der Kommunalbehörde. Wozu die vielen Sternchen? Schalten sie Radio oder Fernsehen ein, ist da von Mitgliederinnen und Radfahrenden die Rede. Was ist nur los? Ein Belt des Nicht-Verstehens zieht sich durch Deutschland. Die Mehrheit erfährt im Alltag eine Wirklichkeit, die vom vermittelten Wirklichkeits-Bild deutlich abweicht. Auf ihrer Agenda stehen andere Prioritäten als die, die ihr der Mainstream einbläut. Sie glaubt, die Mitte zu repräsentieren, und sieht sich an den Rand gedrängt. Ihre Besorgnis ist kein Hirngespinst, denn die Rückstufung erfolgt mit Ansage. Das neue Zauberwort heißt Vielfalt. Es verlangt gebieterisch den Platztausch zugunsten von Minderheiten. Dem Vielfaltssong entkommt niemand. Er läuft von morgens bis abends in den Medien: Ein Tutti mit Chor und Orchester, das widerhallt in Parteizentralen und Kirchenschiffen, bei Universitätsseminaren und auf Verbandstagen. Städte und Gemeinden rechnen es sich als Ehre an, Stabsstellen zur Förderung der Vielfalt einzurichten, aller Personalnot zum Trotz. Unternehmen, die mit der Zeit gehen wollen, verschreiben sich der „diversity" als „purpose". Tabellenführer im Mitmacheifer ist der deutsche Verbandsfußball: Die DFB-Elf reiste zur Weltmeisterschaft nach Katar ohne Schußstiefel, aber mit „One-Love-Binde". Sie verlor beides, das Turnier und den Kreuzzug.

Die Erhebung der Vielfalt zum säkularen Heilssymbol wird von der Mehrheit weniger in den Kategorien von Sieg oder Niederlage wahrgenommen. Sie verursacht ein schwärendes Unwohlsein. Noch ist unklar, wohin das alles führt. Aber die Entfremdung läßt sich nicht übersehen. Für die Demokratie ist das gefährlich. Sie kommt ohne die Zustimmung der Mehrheit nicht aus. Die Mehrheit verschafft Regierungen Legitimität. Mit Mehrheit werden Gesetze verabschiedet, die das Zusammenleben ordnen und Wandel ermöglichen. Demokratie ist Herrschaft der Mehrheit. Für den Umgang mit Minderheiten verfügt sie über erprobte Mittel: Toleranz und das Angebot der Teilhabe. Werden Minderheiten dagegen in den Mittelpunkt gerückt oder beanspruchen sie, das Eigentliche zu sein, wendet die Mehrheit sich ab. Die Demokratie gerät in Atemnot.

Der Kulturkampf, dessen Zeugen wir sind, ist ganz anders als die Machtkämpfe, die wir kennen. Er wird nicht auf den Frontseiten der Zeitungen ausgetragen, sondern in den Feuilletons und in Leserforen. Auf Seiten der Angreifer sucht man Anführer, die durch Rede oder Schrift die Richtung vorgeben, vergeblich. Es gibt überhaupt keine Namen. Niemand steht für irgendetwas, niemand hat das Mandat, Ziele zu formulieren oder Kompromisse auszuhandeln. Der demokratische Prozeß ist abgemeldet. Die Angriffsoperationen erfolgen unter Tage. Widerstand hat es schwer, sich zu formieren, weil der Gegner nicht zu packen ist. Es gibt praktisch keinen Widerstand.

Das Subkutane des Kulturkampfs könnte zu der Annahme verleiten, ein Konflikt existiere gar nicht, es bräche sich nur eine lange aufgestaute Notwendigkeit Bahn, wie ein Fluß, der über die Ufer tritt, weil Wassermenge und Fließgeschwindigkeit bloß diesen Ausweg kennen. Genauso argumentieren Anstifter und Unterstützer des Genderns. Sie erklären das Vordringen des Neusprechs zum osmotischen Vorgang. Sprache verändere sich eben, heißt es. Das freilich ist eine bewußte Irreführung, die Täterschaft verschleiern soll. Scheinheiligkeit ist ein weiteres Merkmal des Kulturkampfs.

Man würde das Gendern unterschätzen, betrachtete man es als isoliertes Phänomen. Es wäre dann eine Modetorheit, etwas, das man hinnehmen kann, weil es vorübergeht. In Wahrheit ist das Gendern nur die Spitze eines Eisbergs. Der breite Sockel besteht aus einer philosophischen Mixtur, die im aktivierten Zustand Identitätspolitik genannt wird. Im Zentrum der identitären Weltsicht stehen Gruppen: Frauen, sexuelle Minderheiten oder Träger einer bestimmten Hautfarbe. Für Anhänger der Identitätspolitik ist fester Glaube, daß diese Gruppen diskriminiert werden, ob durch Männerherrschaft, religiös-kulturelle Vorurteile oder durch Nachwirkungen des Kolonialismus. Beweisführung erübrigt sich. Denn was falsch ist, steht nach ihrer Auffassung nicht im Gesetz, und was richtig ist, sagt nicht die Vernunft. Wahr und gerecht ist allein, was Minderheiten fühlen. Auf diese Weise wird die Axt an unser Rechtssystem gelegt, das nicht nach Sensibilitäten urteilt, sondern nach Sachverhalten. Darüberhinaus gibt die Transformation von Menschenrechten in Gruppenrechte dem universalistischen Denken der Aufklärung den Abschied. An seine Stelle tritt Stammesdenken, das die Gesellschaft zu einem Säulendiagramm filetiert.

Das Sprechen über Identitätspolitik ist mühsam, was teilweise daran liegt, daß es neben der linken auch eine rechte Spielart gibt. Für die rechten Identitären steht das (biologische) Volk im Zentrum. Gut ist, was den Deutschen frommt. Schlecht ist rassische Durchmischung. Migration gefährdet die völkische Homogenität usw. In diesem Buch geht es um linke Identitätspolitik. Sie ist intellektuell anspruchsvoller, aber auch verwirrender. Ihre Ursprünge gehen zurück auf die siebziger Jahre, als der Marxismus-Leninismus die kulturelle Hegemonie im linken Spektrum verlor und das Bedürfnis nach ideologischer Ersatzbeschaffung entstand. Hebammendienste leisteten französische Philosophen wie Michel Foucault und Jacques Derrida, die Marx auf den Kopf stellten: Für sie bestimmt nicht das (materielle) Sein das Bewußtsein, es ist vielmehr die Sprache, die Herrschaftsverhältnisse schafft und zementiert. Aus dieser Keimzelle erwuchs eine Anzahl von Theorien (z.B. Social-Justice-, Critical-Race- und Queer-Theorie), die vorwiegend in den USA zur Blüte gelangten sowie ein Bündel von Aktionsformen, die uns unter Bezeichnungen wie Cancel Culture, Political Correctness oder Gendern begegnen.

Die wichtigste Aktionsform ist das Gendern. Das gewohnte Sprechen und Schreiben soll durch Wortschöpfungen und Zeichen so verändert werden, daß Frauen und Trans-Leute sich fair behandelt fühlen. Debatten darüber, ob die Gedichte einer schwarzen Lyrikerin nur von einer dunkelhäutigen Person in eine andere Sprache übersetzt werden dürfen oder ob das Tragen von Afro-Frisuren durch Weiße die Gefühle von Schwarzen verletzt, werden hitzig geführt, beschäftigen allerdings nur ein bestimmtes Milieu. Die

Allgemeinheit bekommt davon wenig mit. Dagegen ist das Rendezvous mit dem Gendern unausweichlich.

Das Buch vertritt einen klaren Standpunkt. Gendern bringt die Gleichberechtigung von Frauen und Trans-Menschen nicht voran. Es schadet ihr sogar. Denn die Mehrheit sieht keinen Grund, anders zu sprechen als sie es gelernt hat und ist genervt von der permanenten Aufforderung, es doch zu tun. Bevormundung erzeugt Widerwillen. Das ist keine neue Erkenntnis, stört die Aktivisten aber wenig. Für sie geht es um das höhere Ziel der Gerechtigkeit. Wenn beim Hobeln Späne fallen, wen kümmert es? Und Späne fallen zuhauf. Dem Umpflügen der Sprache, zu dem aufwendige Breviere für „geschlechtersensible Kommunikation" einladen, geht jede Regelhaftigkeit ab. „Communities", die als „woke", das heißt „erweckt", gelabelt sind, werden aufgefordert, sich an der Sprachschöpfung zu beteiligen. Es waltet ein kruder Voluntarismus, der als basisdemokratischer Geburtsvorgang gefeiert wird. Das zentrale Gefecht wird gegen das sogenannte generische Maskulinum geführt und hat donquichotehafte Züge. So wie die Windmühlen bloß in der Einbildung des Hidalgos von der Mancha feindliche Ritterburgen sind, so existiert das generische Maskulinum als patriarchalische Festung nur in der „woken" Phantasie. Es trifft keine Aussage über das biologische Geschlecht. Darauf bestehen nicht nur Sprachwissenschaftler. Vertrauen wir einfach der Umgangssprache. Ein Mann, der sagt, er müsse zum Arzt, und dann seine Hausärztin aufsucht, hat sich weder in der Adresse geirrt, noch will er den Stand weiblicher Mediziner diskriminieren.

Die Forderung, Sprache solle Gerechtigkeit herstellen, hätte die Brüder Grimm und sicher auch Konrad Duden, dessen Namenserben in der heutigen Duden-Redaktion allerdings diesen Standpunkt vehement vertreten, erstaunt. Sprache soll nach der Definition des Rates für deutsche Rechtschreibung verständlich, les- und vorlesbar sein und das Erlernen nicht unnötig erschweren. Diesen Anforderungen wird die „gerechte" Sprache keineswegs gerecht. Sie konterkariert vielmehr Inklusion, ein Ziel, das sonst im genderaffinen links-grünen Spektrum mantrahaft vorgetragen wird. Man studiere eine von Sternchen, Quer-, Binde-, Unter- und Schrägstrichen durchzogene Amtsmitteilung und stelle sich vor, wie Migranten und Menschen bildungsferner Herkunft damit fertig werden sollen! In Widersprüchen verhakt sich das Gendern durch die Ausdifferenzierung der Opfergruppen. Momentan geben im Konzert der Vielfalt „queere" Belange den Ton an, was zur Folge hat, daß die stereotype Doppelung bei Personenbezeichnungen („Expertinnen und Experten") in Ungnade gefallen ist. Für bekennende Nicht-Binäre treibt nämlich das formelhafte „Expertinnen und Experten", „Politikerinnen und Politiker" die verhaßte „Heteronormativität" auf die Spitze und läßt das Diverse noch mehr durch den Rost fallen als das angeblich exklusive generische Maskulinum.

Der Hauptvorwurf, den man den Genderaktivisten machen muß, ist der fehlende Respekt vor der Sprache. Sie degradieren die Sprache zur ungeordneten Deponie, auf der jeder seine ideologischen Hervorbringungen ablagern darf. Ärgerlicherweise mischt in diesem Spiel der Öffentlich-Rechtliche Rundfunk (ÖRR) an vorderer Stelle mit. Dabei rechtfertigt er seine privilegierte Stellung im Mediensystem mit dem Anspruch, in besonderer Weise die Kultur zu pflegen und die Demokratie zu stützen. Zweifellos hat sich der nach 1945 nach britischem Vorbild entstandene ÖRR bewährt. Im internationalen Vergleich sind seine Programme hoch angesehen. Diejenigen, die ihn heute, wie es gängig geworden ist, infrage stellen, wären morgen die ersten, die sein Fehlen beklagen. Umso unverständlicher ist, daß sich die Öffentlich-Rechtlichen seit einigen Jahren als Haupt-Sprayer der Gendersprache hervortun. Sie schwächen damit ihre angeschlagene Stellung, denn die große Mehrheit ihrer Nutzer lehnt den Neusprech ab. Wo dem Mutwillen einer Minderheit erlaubt wird, Professionalität und Eigeninteresse auszublenden, ist die Selbstschädigung der Institution vorbestimmt.

Das Buch geht der Frage nach, weshalb sich die Medien und hier vornean die öffentlich-rechtlichen Anbieter beim Gendern derart ins Zeug legen. Normalerweise halten sich Journalisten viel auf ihre

Unabhängigkeit zugute und schwören, bei ihnen stoße jedes Ansinnen der Bevormundung auf Granit. Die Genderpraxis zeigt ein anderes Bild. „Wo man sich üblicherweise mit Händen und Füßen gegen staatliche und institutionelle Sprech- und Schreibvorschriften wehrt, hat der Genderstern aktive Sprachlenkung mit einem Mal salonfähig gemacht", wundert sich Rainer Moritz, Leiter des Literaturhauses Hamburg.[1] Sich gegen den Kodex der Gruppe zu stellen, erfordert allem Anschein nach ein Maß an Courage, das längst nicht alle Journalisten aufzubringen bereit sind.

Neben den öffentlich-rechtlichen Medien gehören Universitäten und Behörden zu den Haupttreibern des Neusprechs. Zu ihnen gesellen sich mehr und mehr auch große Firmen und Wirtschaftsverbände. Während die ersteren risikofrei agieren, weil auch verärgerte Gebührenzahler Gebühren zahlen müssen, Studenten sich die Karriere nicht verbauen wollen und Bürger gegen sternchenbesetzte Amtsschreiben wehrlos sind, setzen Unternehmen darauf, durch demonstrativ „cooles" Auftreten jung und dynamisch zu erscheinen. Es geschieht also eine ganze Menge, um das Gendern voranzubringen. Hinzu kommt sozialer Druck. Die „Woken" sind mit der Anklage des Sexismus, des Rassismus oder der AfD-Nähe rasch bei der Hand. Wer den Shitstorm zu vermeiden trachtet und lieber mit den Wölfen heult, ist dennoch nicht fein raus. Der Fauxpas bleibt eine ständige Bedrohung, denn oft ist unklar, welches Wort aktuell geboten ist bzw. auf dem Index steht. Also sichert man sich ab. Mit wem spreche ich gerade? In welchen Kontext gehört er? Wer könnte zuhören? Der Schulterblick ist Ausdruck einer verunsicherten Gesellschaft.

Mit der Entdeckung der Lautsprache irgendwann vor hunderttausend oder zweihunderttausend Jahren wurde der Mensch zum sozialen Wesen. Er besaß nun ein Werkzeug, Informationen weiterzugeben und Gemeinschaft herzustellen. Das Gendern gefährdet die gemeinschaftsbildende Funktion der Sprache, es spaltet. Gegendert wird vorwiegend in einer schmalen Zone, die von Universitätsmitarbeitern, öffentlich-rechtlichen Journalisten und

Schreibstubenbeamten besiedelt ist. Wer dagegen ein gutes Buch zur Hand nimmt, wird feststellen, daß dort von den reichhaltigen Angeboten der Gender-Leitfäden kein Gebrauch gemacht wird. Noch resistenter als die Literatur- ist die Umgangssprache. Im Privaten, an der Ladentheke oder in der Kneipe rüsten selbst hartgesottene Gerechtigkeits-Kämpfer ab und genießen eine Konversation ohne Drill und Rückversicherung. Sprachlich leben wir mittlerweile in Trizonesien. Einen Fortschritt wird man das nicht nennen können.

Ob sich das Gendern durchsetzt? Heißt unsere Leitkultur demnächst Vielfalt? Es ist ja wahr: Als Rechtssubjekte wurden Frauen lange wie Kinder behandelt. Sexuelle Minderheiten wurden verachtet und verfolgt. Eine selbstbewußte Bürgergesellschaft wird es nicht beim Lamentieren belassen. Sie wird versuchen, Gerechtigkeitslücken zu schließen und dem Pöbel das Handwerk zu legen. Die selbstbewußte Bürgergesellschaft verlangt allerdings auch eine redliche Bilanz. Tatsächlich ist die rechtliche Gleichstellung der Frauen in Deutschland kein Thema mehr, Homosexuelle leben bei uns in Freiheit. In weiten Teilen der Welt ist das bekanntlich anders, vor allem im sogenannten Globalen Süden, der uns häufig als Heimstatt von Unschuld und erzwungener Unmündigkeit vorgehalten wird. Gewiß, Reformpolitik kann quälend langsam sein. Sie beschert nicht das Wohlgefühl, das denen wichtig ist, die durch vorgezeigte „Korrektheit" ihr Ticket für das Parkett der Guten erkaufen wollen. Dafür ist Reformpolitik produktiv. Einer Sozialpädagogik, die zum Opfersein erzieht und das sapere aude der Aufklärung in den Wind schlägt, ist sie allemal überlegen.

Es wird nicht leicht sein, das Gendern zu stoppen. Teilverstaatlicht durch viele hundert Gleichstellungsbeauftragte, Diversity-Beamte und Lehrstühle für Gender-Studies, wird es von Netzwerken vorangetrieben, denen schwer beizukommen ist. Erlauben wir uns trotzdem eine optimistische Prognose. Unser Freiheitssinn, der sich nur zur Not dem Staate beugt, sollte stark genug sein, der Arroganz unlegitimierter Minderheiten zu trotzen. Vernunft und Geschmack sollten verhindern, daß Verworrenes wie die Gendersprache die Oberhand gewinnt. Indessen müßten, damit die Schraube zurückgedreht wird, Verantwortliche auf allen Ebenen endlich ihre vornehme Zurückhaltung ablegen und für die Bewahrung unserer Sprache eintreten. Sie müßten den Kulturkampf annehmen und der mißachteten Mehrheit eine Stimme geben. Dann würden vom Gendern vielleicht ein paar „gerechte" Wortgebilde übrigbleiben. Musealisiert hätten sie Bleiberecht – als Weilande einer babylonischen Sinnverwirrung.

Schutzraum Muttersprache

Was von der Muttersprache ausgeht, dieses geheimnisvolle In-den-Arm-genommen-werden, lernt man dort, wo sie fehlt. Nehmen wir einen „Expat", also einen Menschen, der im Ausland sein Geld verdient. Soziologisch gehört er der Gruppe der „Anywheres" an. Die „Anywheres" sind gut ausgebildet, wohlhabend, jung und kommen überall auf der Welt zurecht. Unser Mensch hat sich mit der Sprache des Gastlandes angefreundet. Er liest die dortigen Zeitungen und traut sich sogar an literarische Klassiker heran. Stolz verbucht er den kleinsten Lernfortschritt in der Konversation. Sein Ehrgeiz ist, nicht aufzufallen; sein Horror, für einen Touristen gehalten zu werden. Doch dann geschieht es, daß er in Gesellschaft oder in der Straßenbahn deutsche Sprachlaute vernimmt. Die sonst so wichtigen Haltungsnoten sind ihm auf einmal egal. Als ob eine Bremse gelöst würde, läuft unser Mensch zu kommunikativer Hochform auf. Normalerweise kennt man ihn als zurückhaltend und in der Auswahl seiner Gesprächspartner als wählerisch. Nun aber stürzt er sich begierig in die Unterhaltung mit Wildfremden. Der Klang der Muttersprache verwandelt ihn, den Einsilbigen, den Kontrollierten, in eine Wortsprudelmaschine.

Es verhält sich mit der Muttersprache wohl so ähnlich wie mit der Freiheit, die Heinrich Heine bekanntlich eine Gefängnisblume nannte. Ihr Wert flammt auf in der Entbehrung. Gewiß, es läßt sich notfalls auch ohne auskommen. Tritt man aber erst einmal in ihren Zauberkreis ein, ist es, als öffne sich ein Wärmespeicher. Wohlsein breitet sich aus: Keine krampfhafte Suche nach dem richtigen Wort. Keine Angst, in eine Peinlichkeitsfalle zu tappen. Man kennt die Regeln und fühlt sich sicher. Welch ein Vorzug, Zwischentöne modellieren zu können! Ein einziges Wort genügt, eine feine Abstufung, und ein komplexer Bedeutungszusammenhang erschließt sich ohne Gebrauchsanweisung. Die Welt bietet sich plötzlich in einer neuen Version dar; sie ist bunter, vielschichtiger, reicher. War so der Übergang von Schwarz-weiß zum Farbfernsehen? Die Muttersprache ist eine Schatzkammer und obendrein ein Schutzraum, in dem man sich entspannt bewegt. Wer an ihr herumdoktert, sollte wissen, daß er an einem empfindlichen Ökosystem hantiert. Die Muttersprache zum Schlachtfeld zu erklären, um dort einen Kulturkampf auszufechten, fordert einen hohen Preis. Nicht, daß Leib und Leben auf dem Spiel stünden wie in einem richtigen Krieg. Verloren ginge allerdings die Leichtigkeit des Seins.

Von der Jungfrau zum Flittchen

„Sprache verändert sich eben". Der Satz wird im Verlauf dieses Buches noch einige Male auftauchen. Für sich genommen sagt er nichts Falsches. Jeder Sprachforscher würde den Sachverhalt bestätigen. Nur ist der Erkenntnisgewinn gering. Entscheidend ist, auf welche Weise der Sprachwandel sich vollzieht. Geht er natürlich vor sich oder wird er herbeigeführt? Entsteht er aus sich heraus oder folgt er fremden Zwecken? In dem einen Fall ist die Sprache Subjekt, in dem anderen Objekt. Der Unterschied ist erheblich. Nehmen wir die Biographie eines Flußlaufs. Die Flüsse, wie sie unsere aktuellen Landkarten zeigen, sind nicht dieselben wie vor Jahrtausenden oder Jahrmillionen. Wie andere Ströme hat der Rhein sein Bett immer wieder durch Ausweichmanöver verrückt, ganz wie es ihm paßte. Bis ihn, vor etwa hundertfünfzig Jahren, die Menschen in die Zange nahmen, indem sie begannen, ihn zu begradigen und zu kanalisieren, zum Nutzen des Handels. Heute weiß man, die Manipulation der Flußläufe war ein Fehler, weil sie das Schadenspotential im Falle von Überschwemmungen vergrößerte.

Auf ihrem Zug durch die Zeit hat sich die deutsche Sprache mannigfach verändert. Der Nichtfachmann, der sich das Nibelungenlied oder Verse Walthers von der Vogelweide vornimmt, muß sich mühen und viel Interesse für die Sache mitbringen. Mäandernd hat sich die Sprache ihren Weg gebahnt. Geändert haben sich nicht bloß Rechtschreibung, Grammatik und Syntax. Verwundert stellt man fest, daß bei Goethe eine Missetat „gerochen" wurde statt „gerächt", daß aus dem Verb „reißen" das Verb „zeichnen" wurde und daß das Substantiv „Dirne", das heute nach St. Pauli klingt, einmal die züchtige Jungfrau meinte. Mit Logik ist der Sprache nur bedingt beizukommen; sie steckt voller Überraschungen und Ungereimtheiten.

Es waren Mönche, die im 12. Jahrhundert damit anfingen, auf Deutsch zu schreiben. Deutsch als Standardsprache der Deutschen setzte sich jedoch erst sehr viel später durch. Die Zögerlichkeit hatte zu tun mit den Besonderheiten des Heiligen Römischen Reiches Deutscher Nation. Dieses Reich kannte eine Vielzahl von Herrschaften, aber keinen zentralen Ort. Die Kaiser des Mittelalters waren Reisekaiser, die sich mal hier, mal dort aufhielten. Jeder Kaiser hatte seine Lieblingspfalz, die ihre Vorzugsstellung oft mit dem nächsten Thronwechsel verlor und dann verfiel. Anders lagen die Verhältnisse in Frankreich oder in England. Paris und London etablierten sich schon früh als Hauptstädte, mit der Folge, daß die Sprachgewohnheiten der Metropole bald auf das ganze Land abfärbten. Dagegen existierten im hauptstadtlosen Deutschland zahlreiche Dialekte nebeneinander. Die Sächsische Kanzleisprache, wie wir sie aus Luthers Bibelübersetzung kennen, setzte sich erst im 16. Jahrhundert durch und zunächst nur im Norden. Bis sie auch im katholischen Süden als leitend anerkannt wurde, vergingen noch einmal 250 Jahre.

Deutscher Nachahmungseifer

Die Fürsten waren der deutschen Sprache nie eine Stütze. Von Karl V., Herrscher über den halben Erdball, ist überliefert, er habe die Sprachen, derer er mächtig war, gezielt angewendet. Mit Frauen habe er italienisch gesprochen, mit Männern französisch und mit Gott spanisch. Deutsch habe er vorzugsweise mit Pferden gesprochen.[2] Ein besonders krasser Ausfall bei der Förderung des Deutschen war Friedrich der Große. Der preußische König fand die Sprache seiner Untertanen grob und undifferenziert. Er spreche sie „comme un cocher" („wie ein Kutscher") gab er zu und behauptete, „von Jugend auf kein deutsch Buch" gelesen zu haben.[3] Das Aufblühen der deutschen Klassik ging vollständig an ihm vorbei. Goethes Werther kanzelte er als ungenießbar ab – ein Buch immerhin, das Napoleon nach eigenem Bekunden fünfmal las.

In Frankreich gingen die Durchsetzung der Nationalsprache und der Aufbau des Nationalstaates Hand in Hand. Dafür sorgte das Königtum. 1635 verfügte Ludwig XIII. die Gründung der Académie Française, wobei Ludwigs Prinzipalminister Richelieu die Fäden zog. König und Kardinal mandatierten die ursprünglich

37 auf Lebenszeit berufenen Mitglieder der Académie mit der „Vereinheitlichung und Pflege der französischen Sprache", eine Aufgabe, die die inzwischen 40 „Unsterblichen" bis heute wahrnehmen.

Für das Reich, zersplittert wie es war, kam eine Zentraleinrichtung wie die Académie natürlich nicht infrage. In der Mitte Europas liegend und schwach, zog es nicht nur beutegierige Aggressoren an, offen wie ein Scheunentor war es auch für fremde Spracheinflüsse. Der nachhaltigste Import kam von jenseits des Rheins. Im Dreißigjährigen Krieg war Deutschland verwüstet worden. Frankreich dagegen hatte der Krieg zur Nummer eins in Europa gemacht. Politisch und kulturell war es nun das Maß aller Dinge. Die deutschen Fürsten quittierten den Sachverhalt mit beispiellosem Nachahmungseifer. Hingebungsvoll schauten sie auf Versailles, kopierten Baukunst, Gartenarchitektur und Lebensart. An den Höfen parlierte man selbstverständlich französisch. Soziale Distinktion lief nicht mehr nur über Kutsche und Kleidung, sondern über den französischen Privatlehrer für die Kinder. Der Philosoph Gottlieb Wilhelm Leibniz prangerte den Sprachimport als Akt der Selbstkolonisierung an. Man habe sich der „Frantzösischen Sprache und Mode unterwürffig gemacht".[4] Eine Flugschrift von 1642 klagte: „Ich teutscher Michel/versteh schier nichel/in meinem Vaterland/es ist ein Schand."[5] Es verstanden die Zeitungsleser die Zeitungen nicht. Sie benötigten für die Lektüre Dolmetscherdienste, meinte Kaspar von Stieler. Eigens für sie verfaßte der Sprachwissenschaftler ein Lexikon mit Namen „Erklärung Derer in den Zeitungen gemeiniglich vorkommenden fremden und tunklen Wörter".[6] Kaspar von Stieler (1632–1707) ist deshalb der Erinnerung wert, weil er als einer der ersten die Bedeutung der Zeitungen erkannte. „Zeitungs Lust und Nutz" heißt ein Buch Stielers, mit dem sich noch heute Publizistikstudenten beschäftigen.[7]

Gegen das „Alamodewesen", den Nachahmungseifer, formierte sich Widerstand. In der ersten Hälfte des 18. Jahrhunderts traten Klubs gebildeter Bürger auf den Plan, die sich gegen die Verwendung von Fremdwörtern aussprachen und, wie die „Fruchtbringende Gesellschaft", für das Deutsche den Rang einer Literatursprache reklamierten. Bisweilen verstieg sich der Sprachpatriotismus zu einem skurrilen Reinigungswahn, der weder Fremd- noch Lehnwörter gelten lassen wollte. Fahnenschwenker der Deutschtümelei wie der Schriftsteller Philipp von Zesen empfahlen, aus Mumie „Dörrleiche" zu machen; der Anatom sollte zum „Entgliederer" werden.[8] Das ging sogar den Nazis zu weit, die sich davon distanzierten.[9]

Im 19. Jahrhundert wandte sich die Aufmerksamkeit der Orthographie zu. Politisch war Deutschland jetzt durch Bismarcks Reichsgründung geeint. Trotzdem schrieb man in Bayern weiterhin anders als in Württemberg, in Preußen anders als in Sachsen. Sogar der Kleinstaat Mecklenburg-Strelitz leistete sich ein eigenes Regelwerk. Das orthographische Durcheinander war allgemein. „Nicht zwei Lehrer derselben Schule und nicht zwei Korrektoren derselben Offizin [d.h. Druckerei, A.d.V.] waren in allen Stücken über die Rechtschreibung einig, und eine Autorität, die man hätte anrufen können, gab es nicht", klagte Konrad Duden rückblickend.[10] Der Gymnasialdirektor veröffentlichte 1872 zusammen mit Kollegen einen ersten Regelkatalog nebst Wörterbuch. Der sogenannte „Schleizer Duden" brachte eine Entwicklung ins Rollen, die zwanzig Jahre später mit der Verwirklichung einer einheitlichen Rechtschreibung für das gesamte deutsche Sprachgebiet ihren vorläufigen Abschluß fand (1901). Seither schrieb man Zigarette statt Cigarette, Akkusativ statt Accusativ, es blieb beim umstrittenen ph (Photograph) und dem noch umstritteneren ß (Fuß), hingegen fiel das h hinter dem t (Tau statt Thau), wofür der enttäuschte Satiriker Karl Krauss dem Berufsstand des Orthographen einen Nasenstüber verpaßte, indem er ihn mit f schrieb: „Nicht Wahn ist, was er tut, er ist kein Thor,/er müt sich brav./ Doch hat er wol für Gottes Wort kein Ohr,/der Ortograf."[11]

Eine Instanz mit Regelkompetenz, die Konrad Duden angemahnt hatte, schuf die Verständigung von 1901 nicht. Ihre Stelle nahm allmählich „der Duden" ein, ein immer wieder aktualisiertes Wörterbuch. Der zur halbstaatlichen orthographischen Autorität geronnene „Duden" überstand die Rechtschreibreformen von 1996 und 2006 und den Übergang in die Digitalität. In einem Punkt wurden ihm allerdings die Grenzen aufgezeigt: Den Trend zur Beliebigkeit, der seit den siebziger Jahren durch eine sich als fortschrittlich ausgebende Schulpädagogik in die Rechtschreibung einzog, vermochte er nicht aufzuhalten.

Ist richtig Schreiben elitistisch?

Wer die Sprache liebt, hat zweierlei zu fürchten. Erstens ihre Vernachlässigung aus Bequemlichkeit und zweitens ihre „Verbesserung" im Namen der Gerechtigkeit. Als Mediennutzer gewinnt man den Eindruck, daß der Genitiv nur noch ein Tick ist, den sich ältere Semester erlauben. Inzwischen hat der wild kreiselnde Kompaß auch Dativ und Akkusativ erfaßt. Locker ist vom „beratungsunwilligen Machtmensch" die Rede. Linke Gruppen, heißt es, protestierten „gegen den Ministerpräsident". Der Schaden, der hier aus Respektlosigkeit angerichtet wird, wird noch übertroffen von folgenreichen Versuchen, Sprache zu „demokratisieren".

Anfang der siebziger Jahre trat die noch junge Bundesrepublik in ein neues Entwicklungsstadium ein. Die großen Streitthemen wie Westbindung oder Wiederbewaffnung waren abgehakt. Gegen die Soziale Marktwirtschaft ließ sich aufgrund ihres Erfolgs nicht mehr viel einwenden. In die Lücke schob sich ein Politikfeld, für das sich bis dahin nur Experten hatten erwärmen können: die Bildungspolitik. Angestoßen wurde der Paradigmenwechsel von Georg Picht. 1964 stach der Pädagoge mit seinem Buch „Die deutsche Bildungskatastrophe" mitten hinein in die Selbstzufriedenheit der Nachkriegszeit. Überzeugend legte er dar, Deutschland falle in puncto Bildung dramatisch hinter die Nachbarstaaten zurück. Picht folgte auf dem Fuße Ralf Dahrendorf. In „Bildung ist Bürgerrecht" (1965) reklamierte der Soziologe den Rang eines Grundrechts für die Bildung. Die Zeit war reif für solche Überlegungen. An den Universitäten erkühnten sich Studenten, den Professoren an die Talare zu gehen, unter denen sie den „Muff von tausend Jahren" wahrzunehmen glaubten. In Bonn wurden die Unionsparteien auf die Oppositionsbank verbannt. Der Regierungswechsel von 1969 entstand in einem Reformklima, das durch die pathetische Ankündigung des neuen Bundeskanzlers Willy Brandt „Wir wollen mehr Demokratie wagen!" aufgeheizt wurde. Schwungvoll legte die politische Linke den Hebel um. Gleichheit ja, aber nicht mehr vorrangig durch Umverteilung und Verstaatlichung, sondern über den Weg der Chancengleichheit in einem durchlässigen Bildungssystem. Selbst Konservative konnten die Notwendigkeit, das Bildungssystem auf den Prüfstand zu stellen, nicht bestreiten. Mitte der sechziger Jahre betrug der Anteil der Arbeiterschaft an der Gesamtbevölkerung fast 50 Prozent. Jedoch mußte man an den Hochschulen Arbeiterkinder mit der Lupe suchen. Es sah so aus, als perpetuiere das gegliederte Schulwesen vorhandene Ungleichheiten. Allerdings entbrannte bald ein Streit um Lösungswege und Reformtempo.

Auf Seiten der euphorisierten Linken wollte man den raschen Erfolg. Das Gymnasium, dem man vorwarf, Trutzburg des gesellschaftlichen Status quo zu sein, sollte durch die Gesamtschule, einer Schule für alle, ersetzt werden. Leistungskataloge und Benotungsskalen wurden durchforstet. Ins Visier kam alles, was vermeintlich den Aufstieg bildungsferner Schichten behinderte. Die Hochsprache stand jetzt in dem Ruch, „elitistisch" zu sein. Beim Schreiben wurden zu viele Fehler gemacht? Nun gut, dann mußten die Rechtschreibregeln vereinfacht werden. Manche Pädagogen wollten den Parcours durch generelle Kleinschreibung erleichtern. Andere vertraten den Standpunkt, Rechtschreibung werde generell überbewertet und verlangten, Zeugnisnoten in Rechtschreibung abzuschaffen. Zum Matador der neuen Bildungspolitik stieg der Schweizer Reformpädagoge Jürgen Reichen auf. Gemäß der von ihm erfundenen Methode „Schreiben nach Gehör" brachten sich die Kinder das Schreiben selbst bei. Statt altertümlich Buchstaben aus der Fibel zu lernen, wurden sie dazu ermuntert, gehörte Laute den eventuell passenden Buchstaben auf einer Lauttabelle zuzuordnen. Die Lehrkräfte hatten sich zurückzuhalten; korrigiert wurde nicht oder später, um keinen Preis sollte den Schülern der Spaß am kreativen Akt genommen werden. Mittlerweile hat sich die Erkenntnis durchgesetzt, daß „Schreiben nach Gehör" kein Nürnberger Trichter ist. Bundesländer wie Baden-Württemberg, Hamburg und Schleswig-Holstein haben die Anwendung der Methode untersagt.

Daß eine harmlose Materie wie die der Rechtschreibung plötzlich wie eine Lebensfrage der Nation diskutiert wurde, sagt etwas aus über den Grad der Politisierung, der in den siebziger und frühen achtziger Jahren herrschte. Der Reformerpartei genügte es nicht, notorische Fallen wie die Unterscheidung zwischen „das" und „daß" auszumerzen oder die Geheimnisse der Zusammen- und Getrenntschreibung zu lüften. Es ging einfach darum, Kindern aus Arbeiterfamilien den Weg nach oben zu erleichtern und die Zahl von Abiturienten und Studenten massiv zu erhöhen – notfalls um den Preis der Niveauverflachung. In Frankreich proklamierte der sozialistische Präsident François Mitterrand 1981 das Planziel, 80 Prozent eines Jahrgangs müßten das von Napoleon geschaffene Bac (Abitur) erreichen. Solch eine Quotenregelung gab es in der Bundesrepublik nicht. Die Stoßrichtung war jedoch dieselbe. So beklagten 1972 die Hessischen Rahmenrichtlinien für die Sekundarstufe I, das peinliche Einhalten der Rechtschreibnormen führe zu „ungerechtfertigten Benachteiligungen:

- Der Besuch weiterführender Schulen wird erschwert.
- Die beruflichen und gesellschaftlichen Chancen werden geringer".

Daraus folge, daß die „Überbewertung der Rechtschreibung" korrigiert werden müsse und „daß die Schule die Beherrschung der Rechtschreibung nicht zum Kriterium für Eignungsbeurteilungen und Versetzungen" machen dürfe.

Die Konservativen wehrten sich mit aller Kraft gegen die „anbiedernde Niedrigschwelligkeit",[12] mußten aber letztlich einsehen, daß sie auf verlorenem Posten standen. Um den Schulfrieden nicht weiter zu gefährden, wurden orthographische Kommissionen eingesetzt. Die 1996 verabschiedete Neuregelung der Rechtschreibung stellte aber niemanden zufrieden. Die Gräben zwischen Befürwortern und Gegnern blieben tief. Zeitungsverlage entschlossen sich, der herkömmlichen Rechtschreibung treu zu bleiben. Mehrere Reformen der Reform wurden in der Öffentlichkeit nurmehr achselzuckend zur Kenntnis genommen. Ermüdung, nicht Überzeugung stand am Ende einer langen kämpferischen Auseinandersetzung. Kompromisse vermehrten die Anzahl möglicher Schreibvarianten und weichten die Grundanforderungen für das richtige Schreiben, Eindeutigkeit und Einheitlichkeit auf. 2004 wurde der Rat für deutsche Rechtschreibung (RdR) ins Leben gerufen, ein supranationales Gremium mit Entsandten aus Deutschland, Österreich, der Schweiz, Bozen-Südtirol, Liechtenstein und der deutschsprachigen Gemeinschaft Belgiens. Sein Hauptaugenmerk sollte er auf die „Beobachtung der Sprachentwicklung" richten.

Die politisch motivierte Abwertung des Rechtschreibens hatte natürlich Folgen. Folgenlos blieben dagegen bis heute die Klagen von Universitäten und Wirtschaftsunternehmen über einen Nachwuchs, der unschuldig zum Opfer der Methode „Schreiben durch Hören" geworden war. 2015 verfehlten 14 Prozent der Neuntklässler den von der Kultusministerkonferenz verfügten orthographischen Mindeststandard, beim Schlußlicht Bremen waren es 40,2 Prozent. 2020 scheiterte in Niedersachsen die Hälfte der Bewerber für den Polizeidienst wegen mangelhafter Rechtschreibkompetenz, davon ein Drittel Abiturienten.[13] Die

Aachener Rheinisch-Westfälische Technische Hochschule sah sich genötigt, einen Grundkurs Deutsch für Diplomanden und Doktoranden einzurichten. 2013 beleuchtete „Der „Spiegel" unter dem vielsagenden Titel: „Die Recht schreip Katerstrophe" Ursachen und Ausmaß des orthographischen Niedergangs. Auf Gehör stießen die Warnrufe jedoch nicht. Die Politik hatte und hat nach den kulturkämpferischen Konvulsionen die Nase voll vom Thema Rechtschreibung. Hauptsache, das Schulsystem produziert immer mehr Abgänger mit Abitur. Daß der Ausstoß wesentlich durch Noteninflation gesteuert wird (jeder zweite Abiturient hat einen Notenschnitt mit einer Eins vor dem Komma), ist in den Kultusministerien bekannt, stört dort aber niemanden. Resigniert urteilt Hans-Peter Meidinger, Präsident des Deutschen Lehrerverbandes: „Die Politik will im Grunde genommen gar nicht mehr wissen, wie der echte Leistungsstand ist, sie läßt sich lieber für die immer besseren Abi-Schnitte feiern."[14]

Denglisch und Demokratie

Kommen wir zurück zur gesprochenen Sprache. Sind die Deutschen „die geschworenen Nachahmer alles Ausländischen"? Für Gotthold Ephraim Lessing war das keine Frage. Er sah und beklagte, wie ringsum Fürsten und auf Vornehmheit erpichte Bürger sich an das Vorbild Frankreich anschmiegten, in der Modesprache Französisch herumstolzierten und das Deutsche als etwas ansahen, das für Kutscher und Küchenpersonal da war.[15] Das Modell Frankreich hat in Deutschland längst ausgedient. Zwar erzählen deutsche Akademiker gern von Familienurlauben in der Bretagne und an der Côte d'Azur. Sie schwärmen von beglückenden Trouvaillen im Kosmos der Käsesorten und des Rebensafts. Nur bei der gallischen

Vorliebe für Stopfleber rümpft der öko-zertifizierte Rechtsrheinische die Nase. Die Foie gras und selbstredend der unbedenkliche Umgang mit der Kernenergie dünkt ihnen Beweis genug, es sei am alten Stereotyp vom leichtsinnigen und moralisch nicht ganz auf der Höhe befindlichen „Welschen" doch etwas dran.

Wenig geblieben ist von der Attraktivität der französischen Sprache. Der Französischunterricht an unseren Schulen ist seit langem rückläufig. Im Wettlauf um den Rang der ersten Zweitsprache liegt Englisch unaufholbar vorn. Die Invasion des Anglo-Amerikanischen begann Ende der fünfziger Jahre und war zu einem guten Teil musikgestützt. Die junge Generation fuhr ab auf Elvis und „Negermusik". Die jungen Männer erschienen auf der Tanzfläche mit schwarzer (Kunst-)Lederjacke und pomadierter „Schmalzlocke", weibliche Teenager ließen sich im Petticoat herumwirbeln. Zu Hause hörte man die Soldatensender AFN (amerikanisch) und BFBS (britisch); sie brachten die besten Songs. Man trällerte die Hits, beim Text hielt man sich an die Phonetik. Der deutsche Schlager war so sehr im Abseits, daß ihm zur Lebenserhaltung eigene Sendungen geschaffen wurden, die ihre Fadheit allerdings nie loswurden. Hörer deutscher Volksmusik konnte man sich nicht anders als in Lederhose oder in der Tracht der schlesischen Landsmannschaft vorstellen. Ganz triftig war das nicht.

Die zweite Invasionswelle des Englischen rollte an im Schlepptau der Digitalisierung. In der Markenwerbung kümmert das Deutsche vor sich hin. Englisch (oder was dafür gehalten wird) dominiert in den sozialen Netzwerken und hat die Jugendsprache fest im Griff. Mit der Korrektheit nimmt man es locker. Wer etwas „cool" bzw. „uncool" findet, hat vorher nicht in die Encyclopedia Britannica geschaut. Man nennt sein schnurloses Telefon Handy und findet das Festhalten der Engländer an ihrem „mobile" exzentrisch. Firmen, die „stylisch" sein wollen, hübschen Alltagsjobs mit fremd klingenden Bezeichnungen auf. So wird aus dem Hausmeister, dem Mädchen für alles, ein „Facility Manager". Menschen oder Firmen, die etwas Nachhaltiges tun, z.B. Windräder aufstellen, sind „Enabler".

Im Stellenteil der Zeitungen stolpert man über rätselhafte Anzeigen. Da fahndet eine Firma aus der Immobilienbranche nach einer „Feelgood-Managerin". Wer nur das Fettgedruckte liest, reibt sich die Augen. Gibt es jetzt schon Escort-Damen für Wohnungssuchende? Dann, bei der Lektüre des Kleingedruckten, stellt sich Enttäuschung ein. Da heißt es, die Managerin solle sich „neben vielem zweimal in der Woche um das gemeinsame Mittagessen" im Kollegenkreis kümmern, „köstlich zubereitet von Caterern aus der Nachbarschaft". Beim Googeln findet man heraus, daß die Berufsgruppe „Feelgood" ihr Tätigkeitsfeld in der Herstellung eines guten Betriebsklimas hat und schon mal eine Party für die Kollegen schmeißen muß. Ein Feelbad-Trauma befällt den Leser, dem nicht zum erstenmal seine Ignoranz vor Augen geführt wurde.

Es kommt vor, daß Werbung selbstironisch mit der Sprachaneignung kokettiert. Nicht immer geht die Rechnung auf. In Baden-Württemberg gab es 2021 Ärger, als unter Ortsschildern ein zweites Schild mit der Aufschrift „The Länd" auftauchte. Es handelte sich um eine Kampagne der Landesregierung. Sie sollte eine ältere und gleichfalls schräge Eigenwerbung ablösen („Wir können alles. Außer Hochdeutsch."), mit der sich Baden-Württemberg jahrelang und ziemlich erfolgreich vermarktet hatte. „The Länd" fiel indessen bei den Schwaben und Badenern durch. Noch mehr mißfielen die 21 Millionen Euro, die die Kampagne kosten sollte.

Friedrich Schiller war so sehr von Qualität und Schönheit der deutschen Sprache überzeugt, daß er die Prophezeiung wagte: „Unsere Sprache wird die Welt beherrschen."[16] Davon sind wir weiter entfernt denn je. Der Vormarsch des Englischen ist überwältigend. 80 Prozent der Wortimporte in Deutschland stammen aus dem anglo-amerikanischen Sprachraum, Tendenz steigend. Wer sich darüber ereifert und das Schreckgespenst einer Sprachkolonisierung an die Wand malt, gerät leicht in den Verdacht, hoffnungslos rückwärtsgewandt zu sein. Die Globalisierung sei nun mal eine Tatsache, wird gesagt. Handel und Wandel, auch der Austausch wissenschaftlicher Erkenntnisse, würden durch die Existenz einer

Lingua Franca begünstigt. Das stimmt, bedeutet aber nicht, daß der englische Sprachimport mit Hochämtern gefeiert werden müßte. Wilhelm von Humboldt vertrat den Standpunkt, in der Sprache drücke sich der Geist eines Volkes aus. In der Vielheit der Sprachen erkannte er einen Vorzug, nämlich die „Verschiedenheit der Weltansichten", eine Perspektive, die übrigens der französische Präsident Emmanuel Macron teilt. Indem das Englische mehr und mehr zur internationalen Verkehrssprache aufwächst, trüben die unterschiedlichen Blicke auf die Welt ein. Man schaut nur noch durch Milchglas, und es stellt sich derselbe Effekt ein, den wir von der Verödung der Innenstädte durch global genormte Ladengeschäfte und Kino-Ketten kennen. Am Ende ist es egal, ob man sich im Zentrum von Addis Abeba befindet oder in Berlin am Potsdamer Platz. Muß es sein, daß man in einer Klinik auf der Suche nach einem Schlaganfallpatienten von Hinweistafeln geleitet wird, auf denen „Stroke Unit" steht? Oder daß ein Buchrezensent seine Leser belehrt, der Romanschriftsteller, der schon einmal keinen überzeugenden Schluß zustande gebracht habe, sei auch in seinem neuen Werk an der „closure" gescheitert?

Im Bundestag hat man keine Scheu, beim Importvokabular zuzugreifen. Erfahrene Politiker gehen berechnend mit der Sprache um. Wortreich nichts zu sagen, ist eine Kunst, die man lernen kann. „Wir Politiker sind Meister darin, Plastikwörter zu generieren", gesteht der Grünen-Politiker Winfried Kretschmann.[17] Flicht ein Politiker viele Fremdwörter in seine Rede sein, kann man darauf wetten, daß es um Verdunkelung geht. Man möchte sich nicht festlegen lassen. Oder man scheut den Vorwurf, Beamtendeutsch zu sprechen. Aus der Reihe tanzte die ehemalige Bundesfamilienministerin Franziska Giffey. Die unter der Flagge der Volksnähe angetretene SPD-Politikerin überschrieb ein Gesetz ihres Hauses, das die Länder beim Ausbau der Kindertagesstätten unterstützen soll, einfach „Das gute-KiTa-Gesetz". Über den Inhalt des Gesetzes wurde damit zwar nichts gesagt, aber das Nichtssagende klang erfrischender als „Ersatzkraftwerkebereitstellungsgesetz", ein

Maßnahmenpaket des grünen Bundeswirtschaftsministers Robert Habeck. Das längste jemals erfaßte deutsche Wort lautet übrigens „Rindfleischetikettierungsüberwachungsaufgabenübertragungsgesetz" und stammt aus Mecklenburg-Vorpommern.[18] Vielleicht ist das Beamtendeutsch in Berlin die letzte Hürde, die das Englische noch nehmen muß? Politiker geben zunehmend gereizten Bürgern zu verstehen, die deutsche Sprache tauge zur Beschreibung der modernen Welt so wenig wie ein russischer Abakus zur Berechnung von Mondphasen. Eine „Work-and-Stay-Agentur" soll nach dem Willen der CDU/CSU über die Migration wachen. Bundesbildungsministerin (!) Bettina Stark-Watzinger von der FDP förderte eine Studie namens „Immunebridge". Sie sollte den Immunitätsgrad der Bevölkerung gegen Covid herausfinden helfen. Es sind besonders die Liberalen, die sprachlich smart sein wollen. Gleich zum Auftakt der Ampel-Regierung verkündeten sie ihre Absicht, das Steuerdickicht zu lichten, und zwar mit Hilfe einer „Easy Tax". „Easy" soll es nach dem Willen von Marco Buschmann, ebenfalls FDP, künftig ganz allgemein in deutschen Amtsstuben zugehen. Der Bundesjustizminister möchte Englisch als zweite Verwaltungssprache einführen. Wer nach der Ankündigung laute Proteste erwartet hatte, sah sich getäuscht. Bloß der Beamtenbund warnte pflichtgemäß, das Personal in den Ämtern könne unter Stress geraten – was womöglich nicht das größte Unglück wäre.

Allgemeinverständlichkeit ist ein Anspruch, den nicht nur Politiker häufig aus den Augen verlieren. Den Bürgern wird eine Menge zugemutet, vor allem den älteren. Als Zeitungsleser, TV-Zuschauer oder Radiohörer erfahren sie schmerzlich, daß lebenslanges Lernen keineswegs eine gerontologische Fitnessübung ist, sondern unerbittliches Überlebenstraining. Da ist beispielsweise die kopfsteinpflasterartige „Aküsprach", die man verstehen muß, will man von seinem hochpreisigen Smartphone etwas haben. Leicht ist das nicht. „Der Burner, der derzeit in keiner Powerpoint-Präsentation fehlen darf, ist ‚BHAG' (sprich: Bihäg)", notierte kürzlich Bertold Kohler. „BHAG", fand der FAZ-Leitartikler heraus, steht für „big hairy audacious goal" und meint ein haariges, d.h. kühnes Ziel.[19] Die „Aküsprach" bildet eine Unterabteilung des „Denglischen", einer Sprachmischung aus deutschen und englischen Wortbrocken, die vor allem in der Unternehmenskommunikation anzutreffen ist. Um noch einmal Bertold Kohler zu zitieren: „Unsere Aussprache haben wir mittlerweile sehr improved. Vor allem im deutschen Management wird inzwischen ein derart elaboriertes Denglisch verwendet, daß man meinen könnte, die Angehörigen dieser Kaste hätten alle im fränkischen Ochsenfurt studiert."[20]

Wer auf seinem Schulenglisch sitzen geblieben ist oder vielleicht nie Englisch gehabt hat (für manche Journalisten, Werbefachleute oder Influencer scheinen solche Menschen gar nicht zu existieren), winkt bei vielen Texten ab und kommt sich vor wie der weiter oben erwähnte Mitmensch des Jahres 1642, der resignierend gestand: „Ich teutscher Michel/versteh schier nichel." Im Wettbewerb der Unleserlichkeit tun sich vor allem jene Sparten hervor, die sich dem „Lifestyle" widmen oder der virtuellen Arbeitswelt. Was ist besser: Homeoffice oder Remote-Arbeit? Auf ganzen Zeitungsseiten wird diese Schicksalsfrage heiß diskutiert. Verhaltensforscher (und Immobilienmakler) berechnen Sozialfolgen und Rentabilität von „Co-Work-Stations". „Co-Win" verheißt ein innovativer Zweig des Hotelgewerbes. Da ködert eine Herberge in Braunlage, Harz, Gäste mit dem Versprechen perfekt organisierter „Workation". Neugierige, die im geistigen Vintage stehen geblieben sind, erfahren, daß „Workation" ein zusammengesetztes Hauptwort ist aus den Teilstücken „work" und „vacation", Arbeit und Urlaub. In einem Erfahrungsbericht äußerte sich ein Hotelgast aus Hamburg („die Hafencity, das ist meine Hood") sehr angetan von der Möglichkeit, „Calls" auf der Bettkante zu führen und anschließend durch die Harzlandschaft zu wandern, welch letzteres er allerdings bisher noch nicht geschafft habe. Doch egal: Kreativität stelle sich bei ihm nur durch Ausbrechen ein, so sei nun einmal sein „Mindset" angelegt, gab der Hanseat Auskunft. Um dann über andere Nutzer des „Workation"-Angebots zu spotten, die vom richtigen

„Mindset" exakt null hätten. „Die haben die Bar leergetrunken, anstatt Whiteboards vollzuschreiben."[21]

Das Beispiel zeigt: Der fortwährende Beschuß mit Anglizismen hat eine satirefähige Seite. Was lässig wirken soll, entpuppt sich oft genug als lächerlich. Soll man sich darüber aufregen? Wenn eine Schriftstellerin darauf beharrt, ihren neuesten Roman „RCE#RemoteCodeExecution" zu überschreiben, so what? Das Abendland wird daran nicht zugrunde gehen. Indessen, bei etwas Nachdenken vergeht einem die Nonchalance. Es mag junge Menschen überraschen: Längst nicht alle Deutschen können Englisch. Das gilt für die Millionen Bildungsschwachen, es gilt auch für die ältere Generation. Nach einer GfK-Studie aus dem Jahr 2013 gaben 39,4 Prozent der 60- bis 69-Jährigen an, über keinerlei Englisch-Kenntnisse zu verfügen. Bei den über 70-Jährigen waren es sogar 56,9 Prozent. Das heißt, nur jeder zweite über 60 versteht, was mit „Easy Tax" oder mit „Immunebridge" gemeint ist. Für die Demokratie verheißt das nichts Gutes. Teilhabe setzt die Fähigkeit voraus, dem politischen Diskurs folgen zu können. Bildungsschwache und ältere Menschen, die dazu mangels Englischkenntnissen außerstande sind, finden sich zu Staatsbürgern zweiter Klasse herabgestuft. Dabei wollten wir doch eigentlich mehr Demokratie wagen und Benachteiligten den Rücken stärken! Mit Englisch-Brocken herumwirbelnde Politiker (oft sind es dieselben, die die Forderung nach Inklusion wie eine Monstranz vor sich hertragen), sollten überlegen, was ihnen wichtiger ist: „Coolness" oder Glaubwürdigkeit.

Wie viel einer Nation die eigene Sprache wert ist, kann man auch am Rang derer ablesen, denen die Pflege der Sprache anvertraut ist. Aufschlußreich ist hier der Vergleich zwischen Deutschland und Frankreich. Die 1635 gegründete Académie Française ist eine in jeder Hinsicht ehrfurchtgebietende Einrichtung. Die Mitglieder tagen seit Menschengedenken einmal pro Woche, genauer am Donnerstag nachmittag, in einem Stadtschloß am Seineufer. An der Spitze steht ein Sekretär auf Lebenszeit. Aufgabe der Akademie ist nach Artikel 24 ihres Statuts, mit „größtmöglicher Sorgfalt und Hingabe unserer Sprache bindende Regeln zu geben und sie rein, gewandt und geeignet für den Gebrauch von Künsten und Wissenschaften zu machen" („La principale fonction de l'Académie sera de travailler, avec tout le soin et toute la diligence possibles, à donner des règles certaines à notre langue et à la rendre pure, éloquente et capable de traiter les arts et les sciences"). Stellt man das Alter der Akademie und den Ehrgeiz in Rechnung, in diesem Gefäß den Geistesadel der Republik zu versammeln, erahnt man, daß es sich um eine Einrichtung mit großer Autorität handelt. Franzosen, denen man erzählt, in Deutschland habe die Kompetenz in Sachen Sprachpflege jahrzehntelang beim „Duden", einer Buchredaktion, gelegen (bis zum Inkrafttreten der Rechtschreibreform), halten das für einen Witz, für eine jener deutschen Wunderlichkeiten, die es so schwer macht, die Nachbarn am Rhein zu begreifen. Anders als der „Duden" besitzt der 2004 installierte Rat für deutsche Rechtschreibung wenigstens den Hauch staatlicher Autorität. Daß er verglichen mit der Akademie dennoch ein Leichtgewicht ist, ergibt sich aus den Statuten. Die Akademie darf und soll „bindende Regeln" („règles certaines") erarbeiten. Der Rat hingegen darf nur Vorschläge und Empfehlungen unterbreiten, an die sich staatliche Instanzen wie Kultusministerien und Behörden halten können, aber nicht müssen. Das „Können, aber nicht Müssen" spricht das Statut des Rats für deutsche Rechtschreibung in Paragraph 3, Ziffer 5 aus: „Von den Vorschlägen abweichende Beschlüsse der zuständigen staatlichen Stellen sind nur nach vorheriger Beratung mit dem Rat möglich."

In Frankreich reagiert die Öffentlichkeit empfindlich auf das Überhandnehmen des Englischen. Man hält die eigene Sprache in Ehren, verteidigt seine „exceptions culturelles" und geht, wittert man die Bevormundung durch fremde Mächte, in gallischer Manier sofort auf die Barrikaden. Englischsprachige Musik ist auch bei jungen Franzosen sehr beliebt. Dessenungeachtet wurden die Musiksender im Radio 1994 verpflichtet, mindestens 40 Prozent französische Titel zu spielen. Im selben Jahr trat das sogenannte „loi Toubon" in Kraft, benannt nach dem damaligen französischen

Kulturminister Jacques Toubon. Er wollte ursprünglich den Gebrauch von Ersatzwörtern für eingesickerte englische Ausdrücke vorschreiben, konnte sich damit aber nicht durchsetzen. An die Kandare genommen wurde schließlich nur die Werbewirtschaft. Ausländische Werbeslogans auf Plakaten oder im Fernsehen sind verboten, es sei denn, sie werden ins Französische übersetzt. Einigermaßen erfolgreich war die Selbstverteidigung im digitalen Bereich: Der Computer heißt in Frankreich „ordinateur", das Handy „portable", Software „logiciel", Kurznachrichten sind „textos".

Miniwahr und Minilieb

Am Schloßpark Theater in Berlin wird grundsätzlich nicht gegendert. Der Theaterchef und Schauspieler Didi Hallervorden ist dagegen. Er will sich nicht vorschreiben lassen, wie er zu sprechen hat, und schreckt vor dem Vergleich mit der Vergangenheit nicht zurück. Zweimal sei in Deutschland die Sprache per ordre de mufti dressiert worden: „Einmal von den Nazis und einmal von den Kommunisten." Gut gebrüllt, Löwe! Ein kurzer Abstecher in die Praxis totalitärer Sprachpolitik zeigt jedoch, daß der Vergleich hinkt. Fangen wir mit den Kommunisten an. Lenin und seine Bolschewiki wußten, daß sich die Diktatur des Proletariats leichter errichten ließ, wenn man die Oberhoheit über die Sprache besaß. Die Presse, schrieb Lenin 1901 in der „Iskra", habe „kollektiver Agitator, Propagandist und Organisator" zu sein – selbstverständlich im Dienst der Partei. An dieser Linie hielten seine Nachfolger fest. Bis im sowjetkommunistischen Imperium die Lichter erloschen, bestimmte in allen Staaten des Ostblocks allein die Partei, worüber die Medien berichten durften und durch welche Brille die Welt angeschaut werden mußte.

Anders als die Kommunisten brachten die weniger theoriebegabten Nazis keine ausgefeilte Lehre für den Umgang mit den Medien zustande. Für Rundfunk und Zeitungen war der Bewegungskorridor trotzdem klar abgesteckt. „Alles, was dem Volke nützt, ist Recht, alles was dem Volke schadet, ist Unrecht." An diese von Hitlers „Reichsrechtsführer" Hans Frank formulierte Maxime hatten sich die Journalisten im Dritten Reich zu halten. Was das im Einzelfall bedeutete, erfuhren sie von Beamten des Reichsministeriums für Volksaufklärung und Propaganda und manchmal vom Minister Joseph Goebbels persönlich auf einer Pressekonferenz, genauer gesagt einer Befehlsausgabe, die von Montag bis Freitag jeweils um 12 Uhr im Pompejanischen Saal des Propagandaministeriums in Berlin abgehalten wurde. Hier wurden sie belehrt, was gerade angesagt und was tabu war. Das Goebbels-Ministerium erteilte auch schriftliche Anweisungen; ihre Zahl wird auf beinahe 100 000 geschätzt.[22] Vor allem in kritischen Phasen gingen die Vorgaben bis ins Detail. Über die von Hitler befohlene Ermordung des SA-Stabschefs Ernst Röhm mußte folgende, unauffällig zu platzierende Meldung erscheinen: „Dem ehemaligen Stabschef Ernst Röhm war Gelegenheit gegeben, die Konsequenzen aus seinem verbrecherischen Handeln zu ziehen. Er tat dies nicht und wurde daraufhin erschossen."[23] Als 1937 zur Hetzjagd auf katholische Priester geblasen wurde – der fabrizierte Vorwurf lautete auf Devisenschieberei und Sittlichkeitsvergehen – hatten die Redaktionen aus allen Rohren zu schießen: „Mit sofortiger Wirkung hat eine großzügige Propagandaaktion gegen die katholische Kirche einzusetzen", verkündete Alfred-Ingemar Berndt, der Pressekonferenzchef.[24]

Nicht selten zielten die Winkelzüge auf einzelne Wörter. Statt Arbeitgeber/Arbeitnehmer sollte Betriebsführer/Gefolgschaft geschrieben werden. Der Bannstrahl traf auch die Bezeichnung Antisemitismus, ein interessanter Fall. Hintergrund war die Rücksichtnahme auf nichtjüdische Semiten, also Palästinenser und andere arabische Volksgruppen, die von den Nazis bekanntlich eifrig umworben wurden. Laut Vorgabe mußte das Wort Antisemitismus durch Antijudaismus ersetzt werden. Absolutes Sperrgebiet war die Euthanasie. Über den sogenannten Gnadentod durfte nicht berichtet werden. Das Hineinregieren sparte selbst den Inseratenteil der Zeitungen nicht aus. Geschäftsanzeigen „Wegen Einberufung geschlossen" durften nicht erscheinen, weil sie nach Ansicht von Goebbels geeignet waren, den Wehrwillen zu zersetzen.

„Les extrêmes se touchent". In der DDR waren die Verhältnisse, was die Indienststellung der Journalisten anlangte, von denen in der Nazizeit kaum zu unterscheiden. Die Aufgabenbeschreibung des Berufsstandes lautete kurz und bündig: „Journalisten sind nicht Kritiker der Nation, sondern Helfer der Partei." Nach der Implosion des SED-Staates behauptete Erich Honecker, es habe in der DDR, anders als in den sozialistischen Bruderstaaten, keine Zensur gegeben. „Bei uns gab es sie nur kraft des Bewußtseins."[25] Auf das Bewußtsein kam es tatsächlich an. Journalist durfte nur sein, wer über das richtige verfügte. Geschärft wurde es einmal in der Woche. In den ominösen „Donnerstag-Runden" setzte der Leiter der Abteilung Agitation den zum Befehlsempfang angetretenen Chefredakteuren auseinander, was aktuell von den „Helfern der Partei" erwartet wurde. Da waren urplötzlich die Aktivitäten der vormilitärischen Jugendorganisation „Gesellschaft für Sport und Technik" tabu („Zur Wehrerziehung in der nächsten Zeit kein Wort!"). Versorgungsschwierigkeiten, die im Sozialismus Dauerzustand waren, die es aber eigentlich nicht geben durfte, sollten, wenn es nicht anders ging, als „Rhythmusstörungen" bezeichnet werden. Eine Hochleistung offizieller Sprachlenkung wurde im Krisenjahr 1961 erforderlich. Die Berliner Mauer, die die eigenen Bürger daran hindern sollte, das Paradies der Arbeiter und Bauern zu verlassen, avancierte zum „antifaschistischen Schutzwall."

Die totalitären Staaten des 20. Jahrhunderts schafften es, die Medien zu Lautsprechern des Systems zu machen. Hingegen scheiterte ihr Versuch, das Denken vollständig zu suspendieren. Irgendwann zündeten die Parolen nicht mehr. Das vorgefertigte Weltbild, zusammengesetzt aus sprachlichen Fertigbauteilen, wurde von untergründigen Systemwitzen durchlöchert. Die Menschen verständigten sich über Morsezeichen. „Wer ‚hier' sagte, statt ‚bei uns in der DDR', signalisierte schon eine deutliche Reserve", erinnerte sich der spätere Bundestagspräsident Wolfgang Thierse.[26] Die Gedanken sind frei! Damit mußten sich Sowjets und Nazis abfinden. Dem Ziel des total manipulierten Menschen am nächsten kam der geschlossene Unterdrückungsstaat, den George Orwell in seinem dystopischen Roman „1984" entwarf.

In „1984" herrscht unumschränkt ein „Großer Bruder", von dem niemand weiß, ob er überhaupt existiert, und der doch allgegenwärtig ist. Was wahr ist, bestimmt die Partei. Die Herrschaft im „Engsoz" („Englischer Sozialismus") wird durch Propaganda und lückenlose Überwachung abgesichert. In jedem Gebäude, in jedem Raum sind Teleschirme und Mikrophone installiert. Agenten des Systems lugen aus Hubschraubern in die Fenster und tasten das Leben der Menschen bis ins Intimste ab. Das Interesse der Späher gilt nicht den Taten – Widerstand ist abgemeldet. Verfolgt werden Gedankenverbrechen. Wer das verordnete „Zwiedenken" nicht mitmacht, wer starrsinnig daran festhält, 2 plus 2 sei 4 und nicht 5, wer den Stachel des Zweifels nicht ausreißt, gerät in die Obhut des Ministeriums für Liebe. Die wenigsten verlassen „Minilieb" bei lebendigem Leib, und wenn, dann nur nach gründlicher Gehirnwäsche.

Winston Smith, Hauptperson des Romans, arbeitet im Wahrheitsministerium. Im „Miniwahr" ist ein Beamtenheer damit beschäftigt, die Vergangenheit auszulöschen. Eine besondere Errungenschaft ist die Einführung des „Neusprechs". Ihre Funktion beschreibt Orwell so: „Die Neusprache war die in Ozeanien eingeführte Amtssprache und zur Deckung der ideologischen Bedürfnisse des Engsoz erfunden. Sie hatte nicht nur den Zweck, ein Ausdrucksmittel für die Weltanschauung und geistige Haltung zu sein, die den Anhängern des Engsoz allein angemessen war, sondern darüber hinaus jede Art anderen Denkens auszuschalten. Wenn die Neusprache erst ein für allemal angenommen und die Altsprache vergessen worden war (etwa im Jahr 2050), sollte sich ein unorthodoxer – d.h. ein von den Grundsätzen des Engsoz abweichender Gedanke – buchstäblich nicht mehr denken lassen, wenigstens soweit Denken eine Funktion der Sprache ist."[27]

Ein Kollege von Winston Smith im Wahrheitsministerium ist der Dichter Ampleforth. Ihm wird ein „Gedankenverbrechen" zur tödlichen Falle. Ampleforth's Spezialauftrag besteht darin, literarische Texte in Übereinstimmung mit der staatlich verfügten Sprache zu bringen. Das Unglück ereilt ihn, als er an einer Neufassung der Gedichte Kiplings feilt. „Es war zweifellos eine Unklugheit", beichtet Ampleforth dem Kollegen Smith. „Ich ließ das Wort ‚Gott' am Ende einer Verszeile stehen. Ich konnte nicht anders!" fügte er nahezu ungehalten hinzu, indem er das Gesicht hob, um Winston anzusehen. „Es war einfach unmöglich, die Verszeile zu ändern. Der Reim endete mit ‚Trott'. Wissen Sie, daß es in unserer ganzen Sprache nur äußerst wenige Reime auf ‚Trott' gibt? Tagelang zerbrach ich mir den Kopf. Es gab einfach keinen anderen Reim."[28] Die Tücke des Reims bezahlt Ampleforth damit, daß er vaporisiert wird; d.h. er wird nicht bloß getötet, sondern aus der Erinnerung gelöscht.

George Orwells „1984" erschien im Jahr 1949. Der Sozialist Orwell schrieb ihn, um vor dem stalinistischen Zwangsstaat zu warnen. Bis heute hat der Roman nichts von seiner suggestiven Überzeugungskraft eingebüßt. Er ist ein Spiegel, in dem auch gegenwärtige Diktatoren ihre Fratze erkennen. 2022 wurde eine Neuauflage von „1984" in Belarus verboten.

Luise F. Pusch erklärt den Krieg

Die Abzweigung ins letzte Jahrhundert war nötig, um den Blick auf unser Thema zu schärfen. Sprachlenkung ist historisch nichts Neues. Wann immer in der Geschichte eine Bewegung sich im Besitz der absoluten Wahrheit wähnte, unternahm sie den Versuch, durch Manipulation der Wörter das Bewußtsein zu dirigieren. Die identitäre Bewegung knüpft daran an. Im Unterschied zu den erlebten Totalitarismen kommt sie jedoch ohne den Griff in den Instrumentenkasten der Repression aus. Sie braucht keine Polizei, keine schriftlichen oder mündlichen Presseanweisungen und auch keine Ministerien wie „Miniwahr" und „Minilieb". Wer das Gendern, wie es gelegentlich geschieht, mit „1984", dem Treiben der Nazis oder der Kommunisten vergleicht, befindet sich daher auf dem Holzweg. Das Neue und Eigentliche des Genderns ist: Es ist Sprachlenkung ohne Ukas.

Wann hat der Streit um das Gendern begonnen? Gefühlt haben wir es mit einer Frucht der letzten zehn Jahre zu tun. In Wirklichkeit reichen die Ursprünge in die siebziger Jahre zurück. Gewiß, damals wurde noch mit dem Luftgewehr auf die Festungsmauern der deutschen (Männer-)Sprache geschossen, und sogar gestandene Feministinnen bekamen nicht mit, daß der Kulturkampf eröffnet war. Luise F. Pusch erinnert sich an eine Begebenheit aus dem Jahr 1979:

„Sibylle Helferich, Vorsitzende der soeben gegründeten Frauenpartei, stellte sich bei der Berliner Frauensommeruni im Rahmen einer Großveranstaltung dem Publikum mit folgenden Worten vor:

‚Ich bin Tierarzt'.

Tobendes Gelächter des ganzen Auditoriums. Sibylle verstand erst nicht, was los war, und korrigierte sich dann: ‚Ich bin Tierärztin'. Die Frauenpartei hatte einen schweren Stand an jenem Abend. Und Sibylles mißglückter Einstieg hat das Unternehmen in den Ohren der meisten Anwesenden nicht gerade als vertrauenswürdig ausgewiesen.

Die feministischen Sprachwächterinnen sind streng, das konnte ich da hautnah erleben, und Sibylle tat mir richtig leid. Sie hatte allerdings die allerwichtigste (fett gesetzt im Original) feministische Kongruenzregel verletzt: Eine Sprecherin bezeichnet niemals sich selbst mit einem Maskulinum!"[29]

Luise F. Pusch ist die Mutter der feministischen Sprachkritik, zumindest in Deutschland. Ihr 1984 erschienenes Buch „Das Deutsche als Männersprache", dem der Fauxpas der Frauenpartei-Vorsitzenden entnommen ist, war ein großer Erfolg. In Puschs Aufsätzen wimmelt es an Zuspitzungen und einprägsamen Bildern. Dem eigenen Geschlecht erspart sie nichts. „Mit dem Wörtchen ‚man' fängt es an."[30] Blind für die Gesetze des Geschlechterkampfs hätten sich die Frauen allzu lange auf dieses Wörtchen eingelassen. Gedankenlos hätten sie einen Satz wie „wenn man sein Kind stillt" dahingesagt, ohne zu merken, daß sie sich damit selbst erdolchten. Lustvoll stürzt sich Pusch ins Getümmel. Der wahre Feind ist für sie das generische Maskulinum, das „Frauen besser unsichtbar" mache „als jede Burka".[31] Die Männer wüßten, weshalb sie das Femininum bekämpften. Indem sie versuchten, es aus der Sprache zu verdrängen, betrieben sie „die sprachliche Vernichtung der Frau, denn ihre genuine sprachliche Existenzform ist das Femininum".[32] Diesen Männerplan zu durchkreuzen, ist für Pusch das strategische Ziel. Die Trauben hängen hoch. Erfolg sei nur zu haben bei „radikalfeministischer Verve, Unbekümmertheit, Subjektivität und entschlossener Parteilichkeit".[33] Mit einem Wort: Man befindet sich im Krieg.

Postmodernisten zerlegen die Wahrheit

Daß der Beginn des Genderns zeitlich mit dem Abgesang auf den des Marxismus-Leninismus zusammenfiel, war kein Zufall. Jahrzehntelang hatte die kommunistische Doktrin für die Linke aller Schattierungen den Kitt abgegeben. Enttäuschungen in Europa schrieb man ab. Es bestand ja die Hoffnung, irgendwo auf dem Globus werde das sozialistische Experiment schon gelingen. Helden fanden sich dort, wo man nicht so genau hinsehen konnte: Ho Chi Minh, Che Guevara, Fidel Castro, Daniel Ortega, Robert Mugabe. Vorübergehend entbrannten die Glaubensbereiten für Rotchina. Nach dem Tod Maos 1976 und der Aufdeckung seiner Massenverbrechen war auch dieser rosarote Luftballon geplatzt. Und die Sowjetunion? Mumienhafte Kremlherren mit runden schwarzen Hüten waren gänzlich ungeeignet, die Phantasie einer Generation zu wecken, die sich Blumen ins Haar steckte und ihren Gefühlsüberschuß durch freie Liebe abtrainierte. In Frankreich verabschiedeten sich die „Neuen Philosophen" vom Marxismus. In Deutschland gründeten ehemalige 68-er eine Umweltpartei. 1979 zogen die Grünen erstmals in einen Landtag (Bremen) ein.

Schon riefen namhafte Stimmen den finalen Sieg des Liberalismus (Francis Fukuyama) und das Ende des ideologischen Zeitalters aus.[34] Sie sollten sich täuschen. Die Menschen brauchen etwas, woran sie glauben können. Haben sie mit Göttern nichts im Sinn, hängen sie sich, frei nach Chamisso, an Gespenster. Für Intellektuelle gilt das allemal. Sie bräuchten Ideologie wie „Opium", schrieb Raymond Aron einmal und behielt Recht. Das Verpuffen der marxistischen Welterklärung verlangte nach Ersatzbeschaffung. Als Lösung bot sich der Postmodernismus an. Dabei hatten seine führenden Vertreter eigentlich gar nicht vor, in die Fußstapfen des Marxismus zu treten oder überhaupt eine Schule zu gründen. Michel Foucault oder Jacques Derrida ging es im Gegenteil darum, bestehende Glaubenslehren zu dekonstruieren, das bedeutete, sie zu zertrümmern. Sie hinterließen denn auch kein fertiges Denkgebäude, wohl aber essentielle Annahmen. Diese beeinflußten in hohem Maße, was heute unter Identitätspolitik verstanden wird.

Nach Ansicht Foucaults hatten sich Kapitalismus, Kommunismus und Faschismus als kostspielige Irrwege erwiesen. Zwei Weltkriege, dazu zwei massenmörderische totalitäre Staaten waren Grund genug, der Moderne mit tiefer Skepsis zu begegnen.[35] Skeptisch waren auch die Aufklärer gewesen. Sie empfahlen, es sich mit der Wahrheit nicht zu leicht zu machen. Statt Mythen aufzusitzen, solle man den Verstand aktivieren, Zweifel zulassen und mit Hilfe wissenschaftlicher Beobachtung und Prüfung dem Kern der Wahrheit so nahe kommen wie möglich. Erkenntnis gewinnen durch Evidenz: Postmodernisten verwerfen diesen Weg als illusionär und untauglich. Objektive Wahrheit gibt es für sie nicht. Wahrheit ist stets kulturell konstruiert, weshalb sie, wenn überhaupt, nur im Plural existiert, in Form von diversen „Wahrheitsregimen".[36] Beheimatet sind die Wahrheiten bei Gruppen/Identitäten, deren Angehörige aufgrund von Geschlecht oder Rasse gleich fühlen. Die Gruppen sind die eigentlichen Akteure. Auf sie kommt es an. So delegitimieren die Postmodernisten, was uns die großen Revolutionen, die amerikanische und die französische, als Erbe hinterlassen haben: Daß es selbstverantwortliche Individuen sind, die den Staat ermächtigen, und daß der Staat universalen Zielen verpflichtet ist. „Alle Staatsgewalt", heißt es in Art. 20 des Grundgesetzes, „geht vom Volke aus". Von Gruppen ist nicht die Rede.

Von entscheidender Bedeutung für die Postmodernisten ist die Sprache. Es sei naiv, sie für ein wertneutrales Mittel der Verständigung zu halten. Vielmehr sei Sprache, wie bei siamesischen Zwillingen, untrennbar mit einem Zweiten verbunden, nämlich der Macht. Privilegierte Gruppen (z.B. Männer) manipulierten Sprache so, daß sie der Zementierung ihrer Herrschaft diene. Die Handlungsmaxime, die sich aus dieser Grundannahme ergibt, drängt sich auf. Wenn Macht ohne Sprache nicht zu denken ist, muß die Sprache von denen, die sich benachteiligt und ausgegrenzt glauben, zum zentralen Schlachtfeld im Kulturkampf gemacht werden.

Sexus und Gender

1949 brachte die damals noch weithin unbekannte Simone de Beauvoir in Frankreich bei Gallimard den Doppelband „Le deuxième sexe" heraus. Den Knalleffekt hatte sich die Autorin für Band zwei aufgespart. Dort stand auf Seite 15 der Satz zu lesen: „On ne naît pas femme: on le devient" („Man kommt nicht als Frau zur Welt, man wird es"). Im feministischen Lager schlug die These ein wie eine Offenbarung, als ob nun endlich feststehe, daß die Erde keine Scheibe sei. Konservative waren erschüttert. Der Vatikan reagierte wie 400 Jahre vorher bei Galileo Galilei: Das Buch kam auf den Index. Die Aufregung war nachvollziehbar. Hatte man bis dahin geglaubt, Mann und Frau seien von Anfang an mit unterschiedlichen und unveränderbaren Eigenschaften ausgestattet („Der Mann kommt vom Mars, die Frau von der Venus"), räumte die Französin mit der Annahme einer natürlichen Bipolarität auf. Frauen seien weder besonders gefühlsbetont noch kokett, der angeborene Mutterinstinkt sei ein Mythos. In Wahrheit würden den Frauen gesellschaftliche und wirtschaftliche Rollenstereotype übergestülpt, und zwar von den Männern, die ihre Position als Nummer eins in der Geschlechterrangfolge absichern wollten. Kurz gesagt: Die Frau als Vorstellung sei eine männliche Fabrikation.

Simone de Beauvoir leistete für die feministische Bewegung enorme Schrittmacherdienste. Ihre These, Frau sei etwas „im Werden", wurde von anderen als Signal zum Kampf gedeutet und zugespitzt. 1975 zündete die amerikanische Feministin Gayle S. Rubin die nächste Raketenstufe. In ihrem Aufsatz „The traffic in women" unterschied sie kategorial biologisches Geschlecht (Sexus) und soziales Geschlecht (Gender). Damit bahnte sie den Weg für einen neuen kultur- und gesellschaftspolitischen Aktivismus. Was (von Männern) verfertigt ist, nämlich das soziale Geschlecht, kann durch Ermächtigung der Frauen verändert werden. Anfang der achtziger Jahre trieb Judith Butler, Ikone der dritten Welle des Feminismus, die Radikalisierung weiter voran. Die amerikanische Philosophin bestritt, daß das biologische und das soziale Geschlecht zweierlei sei. Beides sei Gender, das heißt soziokulturell hergestellt. In Butlers Denkapparat ist Sprache *die* überwältigende Macht. Ob sich jemand als Junge fühlt oder als Mädchen, hängt von „performativen Sprechakten" ab. Diese schaffen Wirklichkeit. Etwas ist, wie es benannt wird. Butlers Lehre, die souverän über biologische Grundgesetze hinweggeht (aus der Vereinigung von weiblicher Eizelle und männlicher Samenzelle wird ein Kind), ist beständig in Gefahr, sich im avalonschen Nebel zu verirren. Gleichwohl ist Butler für die Parteigänger der „Queer"-Theorie ein Idol. Den Feminismus spaltet sie. Wo das biologische Geschlecht geleugnet wird, verliert die Frauenbewegung ihr Subjekt, die Frau. Hohe Wellen schlug der Streit mit der Harry-Potter-Autorin Joanne K. Rowling, die es nicht hinnehmen wollte, daß Frauen in der Semantik Butlers nur als „Personen, die menstruieren" vorkommen. Butlers Sichtweise hat vor allem im anglo-amerikanischen Raum stark metastasiert. Nach der aktuellen Version (2022) des „Cambridge Dictionary" sind Mann und Frau „altmodische" Bezeichnungen. Unter „woman" findet sich der Eintrag: „Erwachsener Mensch, der weiblich lebt und sich als weiblich identifiziert, obwohl man ihm bei der Geburt ein anderes Geschlecht zugewiesen haben könnte."

Die „Sichtbarmachung" der Frau

Christine Lambrecht, damals Bundesjustizministerin, erlaubte sich 2020 einen Jokus. Die SPD-Politikerin ließ in einen Entwurf für ein neues Insolvenzrecht überall dort, wo von Rechts wegen das generische Maskulinum hätte stehen müssen, weibliche Endungen hineinschreiben. Statt Geschäftsführer hieß es da Geschäftsführerin, statt Gläubiger Gläubigerinnen, aus Schuldnern wurden Schuldnerinnen. Es kam wie beabsichtigt. Aus einer scheinbar harmlosen Vorlage wurde ein Aufreger. Die Union empörte sich; in der SPD-Fraktion hielten sich Grinsen und Kopfschütteln die Waage; bei den Grünen herrschte Genugtuung. Das von der CSU geführte Bundesinnenministerium, zuständig für die korrekte Formulierung von Gesetzestexten, schritt ein und setzte sich durch. Die Gläubigerinnen machten wieder den Gläubigern Platz usw. Frau Lambrecht hatte wohl mit diesem Verlauf gerechnet. Augenzwinkernd gestand sie die Vergeltungsabsicht. Die Männer hätten einmal spüren sollen, was Frauen empfänden, wenn sie von morgens bis abends sprachlich „unsichtbar" gemacht würden.

Das Innenministerium begründete sein Eingreifen mit Rechtsvorschriften. „Herkömmlich wird die grammatisch maskuline Form verallgemeinernd verwendet (generisches Maskulinum)." Da war es, das generische Maskulinum, nach Luise F. Pusch „der wahre Feind" der Frauen und schlimmer als jede Burka. Daß es eine Eigentümlichkeit der deutschen Sprache namens generisches Maskulinum gibt, war lange nahezu unbekannt. Auch heute würden wohl die meisten Mitbürger, gefragt nach der Wortbedeutung, auf eine männliche Geheimgesellschaft oder ähnliches tippen. Sie wären perplex, erführen sie, daß das generische Maskulinum fest in ihrer Alltagssprache verankert ist und daß sie, indem sie es gebrauchten, die weibliche Hälfte der Bevölkerung aufs ärgste diskriminierten. Ins Bewußtsein der Mehrheit gedrungen ist der Linguisten-Streit über das generische Maskulinum bis heute nicht.

Dieser Streit entbrannte in den achtziger Jahren. Die Frauenbewegung machte mobil gegen den unsichtbaren Feind. Ihr Vorwurf lautete, das generische Maskulinum speziell bei Personen- und Berufsbezeichnungen (Bäcker, Maurer, Verbraucher) kehre Frauen unter den Teppich. Es sei eine sprachliche Waffe mit dem Zweck, die patriarchalischen Verhältnisse aufrechtzuhalten. Dieser Vorwurf steht unverändert im Raum. Nichtfeministische Linguisten vertreten dagegen die Auffassung, das generische Maskulinum gehöre zum festen Stamm der deutschen Sprache, es sei praktisch und benachteilige niemanden. Dieser Auffassung schloß sich 2018 der Bundesgerichtshof (BGH) an. Er hatte über die Klage einer Sparkassen-Kundin zu entscheiden, die es nicht hinnehmen wollte, als Kunde (männlich) angesprochen zu werden. Der BGH befand, das generische Maskulinum beziehe üblicherweise die Frauen sehr wohl mit ein, weshalb die Sparkasse keineswegs gegen das Gleichheitsgebot nach Art. 3 Grundgesetz verstoßen habe.

Wissenschaftlich ist der Fall einigermaßen klar. Das generische Maskulinum operiert auf zwei Ebenen: Es kann spezifisch sein und ausschließlich Männer meinen (Der Autofahrer Max Mustermann), oder generisch (verallgemeinernd), dann nämlich, wenn das Geschlecht unbekannt ist oder nichts zur Sache tut (Alle Autofahrer müssen sich an die Regeln halten). Der Vorteil liegt in der Ökonomie; die differenzierende Aufzählung (Autofahrer/Autofahrerinnen) erübrigt sich. Das feministische Argument, Frauen würden beim Gebrauch des generischen Maskulinums nicht mitgemeint, kontert der Sprachwissenschaftler Peter Eisenberg: „Frauen sind gar nicht gemeint, ebensowenig wie Männer oder Geschlechtsidentitäten jenseits der binären Norm."[37]

In dem hoch emotionalen Streit können die Verteidiger des generischen Maskulinums gute Argumente vorbringen. Mit Recht weisen sie darauf hin, daß Personenbezeichnungen keineswegs ausschließlich maskulin markiert sind. Wäre das Deutsche wirklich eine aggressive Männersprache wie von Luise F. Pusch behauptet, hätten Exzellenzbegriffe wie Koryphäe oder Intelligenzbestie kaum ein weibliches Vorzeichen. Im Plural ist sowieso alles feminin, bei Berufen (*die* Professoren), Tieren (*die* Hasen) oder Gegenständen (*die* Stühle). Selbst der Papst, Galionsfigur der patriarchalischen Weltordnung, müßte sich das „die" gefallen lassen, käme er in der Mehrzahl vor, worauf Dorothea Wendebourg, emeritierte Professorin für Mittlere und Neuere Kirchengeschichte an der Berliner Humboldt-Universität, hinwies.[38] Das Problem ist, daß die Verteidiger wissenschaftlich argumentieren, die Angreifer politisch. Letztere haben den Zeitgeist auf ihrer Seite, der apodiktisch Parität verlangt. Deshalb können Gender-Gegner noch so oft wiederholen, das Wort „Dozent" habe nichts mit Männlichkeit, aber alles mit der Tätigkeit des Lehrens zu tun, so die Literaturwissenschaftlerin Dagmar Lorentz.[39] Ist der Zweifel einmal gestreut, ist die Konvention bald angesägt. Ewige Zeiten war das generische Maskulinum kein Zankapfel. Jeder nutzte es. Niemand kam auf die Idee, der Satz „Alle Autofahrer müssen sich an Regeln halten" bedeute Straffreiheit für Frauen. Inzwischen muß dank erfolgreicher feministischer Agitation die Behauptung, das Wort Autofahrer sei geschlechtsneutral, mit dem großen Besteck wissenschaftlicher Beweisführung verteidigt werden. Mit anderen Worten: Die grammatische Regel ist angeschlagen.

Ihre Schwächen hat auch die feministische Position. Eine Bewegung, die die Gesellschaft verändern will, muß überzeugend begründen, weshalb der Sprung vom Sein zum Sollen unbedingt notwendig und warum das Geforderte dem Bestehenden überlegen ist. Kann sie das nicht, scheitert sie. Oder sie zwingt der Mehrheit ihren Willen auf. In diesem Fall spricht man von Diktatur. Die Gender-Aktivisten sind bisher den Beweis schuldig geblieben, daß „die" Frau unter dem generischen Maskulinum leidet. Psycholinguistische Studien, auf die sich Vertreter der Bewegung immer wieder beziehen, sind umstritten.[40] Bedenkt man, daß die Versuche, eine „faire" Sprache durchzusetzen, vor 50 Jahren begannen, kann man nicht von einem durchschlagenden Erfolg sprechen. Der feministische Sprachkampf hat Brückenköpfe errichtet. Universitäten, Behörden und nicht zuletzt der Öffentlich-Rechtliche Rundfunk sind Hotspots des Genderns. Dessen ungeachtet begegnet die große Mehrheit der Bevölkerung (80 Prozent) dem Neusprech nach wie vor mit Befremden und Ablehnung *(vgl. Kapitel Volkes Stimme)*. Das heißt, die Gender-Bewegung ist nicht wesentlich über den Status einer Sekte hinausgekommen, obwohl sie vorgibt, im Namen der Frauen (und dazu der Homosexuellen und Trans-Leute) zu sprechen.

Schon Justinian wußte

Es ist schmerzlich für die Bewegung zu erleben, daß Geschlechtsgenossinnen Petitionen gegen die Verwendung der Gendersprache lancieren, ihren Doktortitel mit Stolz tragen oder als Berufsbezeichnung Ingenieur oder Anwalt angeben. „Ich freue mich, daß wir mit Professor Doktor Sabine Döring eine exzellente Wissenschaftlerin als designierte Nachfolgerin gewinnen konnten", kündigte Bundesbildungsministerin Bettina Stark-Watzinger die neue Staatssekretärin ihres Hauses an.[41] Die Anrede erfolgte höchstwahrscheinlich nicht gegen den Willen der Erwählten. Edda Moser, die Opernsängerin, sagte neulich im Radio, was sie bei Formeln wie „Briefträger-Doppelpunkt-Innen" empfinde. „Da wird mir einfach schlecht."[42] Renommierte Schriftstellerinnen wie Eva Menasse, Elke Heidenreich, Monika Maron, Sibylle Lewitscharoff und andere verweigern sich dem Neusprech kategorisch. Diese Stimmen sind vielleicht nicht repräsentativ, sie unterstreichen aber, daß vor allem Frauen, die es im Leben zu etwas gebracht haben, selbst entscheiden wollen. Lewitscharoff: „Mir ist noch keine einzige gescheite Frau begegnet, die sich dieses Unfugs befleißigt. Ein selbstbewußtes Naturell kann locker darauf verzichten."[43] Solche Frauen haben offenbar keine Lust, sich bevormunden zu lassen, auch wenn die Versuche von der „eigenen Seite" kommen. Sie erwarten, wenn sie sich für ein Anliegen einsetzen sollen, ein überzeugenderes Angebot als es die Befürworter des Genderns zu bieten haben.

Dieses Angebot ist einfach schwach. Schon bei der Kriegserklärung klemmt es. So wenig das Deutsche eine Frauensprache ist, so windig ist die These vom Konstrukt maskuliner Dominanzsicherung. Das Deutsche ist schön, vielgestaltig und adaptionsfähig. Und es bleibt, bei aller Regelhaftigkeit, wildwüchsig und rätselhaft. Weshalb heißt es *der* Hund und *die* Katze, weshalb *der* Rock und *die* Hose, *der* Mond und *die* Sonne? Ein Königreich für den, der hieraus ein Gesetz abzuleiten vermag! Warum haben durchweg positiv besetzte Begriffe wie Schönheit, Universität, Freiheit und Gleichheit ein weibliches Vorzeichen? Wie kommt es, daß selbst die Brüderlichkeit sprachlich fest in schwesterlicher Hand ist? Unsere Sprache ist, man muß es wohl so sagen, ein „unlogisches Durcheinander".[44] Jedes Wort hat sein Quellgebiet irgendwo in der weitläufigen Topographie. Man kann suchen, manchmal bleibt die Wünschelrute reglos, manchmal schlägt sie aus – wie beim generischen Maskulinum: Der Ausdruck „wenn jemand" findet sich in seinem geschlechtsübergreifenden Verständnis bereits in einem steinalten Lehrsatz, nämlich in Justinians Corpus Iuris Civilis, wo statuiert wird: „Verbum hoc ‚si quis' tam masculos quam feminas complectitur" („Das Wort ‚wenn jemand' umfaßt Männer wie Frauen.")[45]

Ob das generische Maskulinum überlebt, ist ungewiß. Seiner praktischen Vorteile wegen wäre es zu wünschen. Unantastbar sei es nicht, schreibt Gisela Zifonum. Die emeritierte Professorin für germanistische Linguistik fügt allerdings hinzu: „Zu widersprechen ist nur dem Verdacht, es handle sich um einen manipulativ instrumentalisierten Sonderfall."[46] Auf diesen Verdacht wird der Gender-Feminismus freilich nicht verzichten. Er braucht einfach die Erregung. Für den Zusammenhalt der Truppen ist die Unterstellung eines männlichen Verschwörung unabdingbar.

Die verkleinerte Kanzlerin

Wäre das Gendern ein Baukasten, der Turm zu Babel wäre über die Tiefgarage nie hinausgekommen. Der Durchgang durch die gängigsten Modi der geschlechtssensiblen Sprache offenbart, daß kein Stein zum anderen paßt. Nehmen wir den Versuch, ein generisches Femininum anstelle des generischen Maskulinums zum Regelfall zu machen. Was dabei herauskommt, sind sprachliche Querschläger. Man mag das generische Maskulinum ja für überständig halten. „Kommst du mit zum Italiener?" ist ein Satz, den man sagen kann, ohne auszuschließen, daß der Pizzateig von einer Frau zubereitet wird und die Bedienung weiblich ist. Wer sagt, „der Kölner ist tolerant", will zum Ausdruck bringen, daß Toleranz zur kölschen DNA gehört. Dagegen meint die Aussage „*die Kölnerin ist tolerant*" nur die Kölnerinnen und suggeriert, die Kölner Männer stächen eher durch Unduldsamkeit hervor. Den feinen Unterschied findet das Sprachgefühl sofort heraus. Das generische Femininum ist exklusiv; Linguisten sagen, es markiert eindeutig.

Wer es dennoch verwendet, riskiert ungewollte Nebenwirkungen. Ein Beispiel: Die Behauptung, Frauen könnten Autos nur nach Farbe unterscheiden, gehört zum Repertoire patriarchalischer Sparwitze. Fest verankert in der männlichen Selbsteinschätzung ist auch die Behauptung: „Männer sind die besseren Autofahrer." Sachlich ist das ein Totalschaden. Alle Statistiken der Versicherer zeigen, daß Männer mehr Unfälle verursachen als Frauen. Richtigerweise müßte die Aussage also lauten: „Frauen sind die besseren Autofahrer." Ein Punkt für den kämpferischen Feminismus? Mitnichten. Denn die Gesetze des Neusprechs verbieten, den „Autofahrer" stehen zu lassen. Das generische Femininum muß her. Gegendert heißt der Satz nun „Frauen sind die besseren Autofahrerinnen" – ein tautologischer Bumerang, der das generische Femininum alt aussehen läßt.

Im Herbst 2022 trat die britische Premierministerin Liz Truss nach nur 45 Tagen Amtszeit zurück. Die „Frankfurter Allgemeine Zeitung" schrieb: „Liz Truss ist die Regierungschefin mit der kürzesten Amtszeit in der britischen Parlamentsgeschichte."[47] Na und?, fragte sich der aufmerksame Leser. Wäre Mrs. Truss die hundertste Lady im Amt des Primeministers gewesen, wäre ihre kaum meßbare Verweildauer zweifellos einen Eintrag im Guinness Buch der Rekorde wert gewesen. Aber vor Mrs. Truss gab es bekanntlich bloß Mrs. Thatcher und Mrs. May. Die „Kürzeste" unter dreien? Kaum der Erwähnung wert! Der Nachrichtenredakteur der für ihre sprachliche Sorgfalt bekannten FAZ befand sich in einem Dilemma. Zweifellos hatte er sagen wollen: So flugs, nämlich nach sechs Wochen, ist noch keinem Mieter von Downing Street 10 gekündigt worden. Indem er das Spezifische (die Weiblichkeit des Amtsinhabers) mit dem Allgemeinen (der britischen Parlamentsgeschichte) verknüpfte, schraubte er unbeabsichtigt den Nachrichtenwert der Meldung auf null. Ganz ähnlich liegt ein Fall, den die schon erwähnte Professorin Dorothea Wendebourg aufspießte. Es ging um eine Lobrede Barack Obamas auf Angela Merkel. In einem Interview hatte der amerikanische Präsident die deutsche Kanzlerin als „the leading politician of the Western World" bezeichnet. Im ZDF übersetzte der Dolmetscher die Eloge mit „die führende Politikerin der westlichen Welt". Nun ist die Zahl der Frauen, die sich auf der Weltbühne bewegen, äußerst überschaubar. Die Tollste unter einer Handvoll zu sein, bedeutet nicht viel und jedenfalls nicht das, was Obama ausdrücken wollte. Die Übersetzung sei falsch und – schlimmer noch – „frauenverkleinernd" gewesen, urteilte Wendebourg.[48] Böse Absicht wird man dem Dolmetscher nicht unterstellen können. Er übersah einfach, was das generische Maskulinum (markiert durch die Endung „er") und das generische Femininum (markiert durch die Endung „in") unterscheidet. Das „in" sortiert alles aus, was nicht weiblich ist, das „er" ist sex-neutral.

Sprachliche Regeln einem ideologischen Waschgang zu unterziehen, muß scheitern. Die Grammatik ist kein Botanischer Garten, in dem man nach Belieben umtopfen kann. Alles hängt mit allem zusammen, und noch der kleinste Eingriff kann Ungemach erzeugen. Das unterstreicht die eigentlich harmlose Obama-Merkel-Episode. Weniger harmlos war eine Innovation, mit der die Uni Leipzig 2013 von sich reden machte. In diesem Jahr führte die Hochschule das generische Femininum ein, genauer gesagt, es wurde in der Grundordnung bestimmt, Bezeichnungen wie Professor, wissenschaftlicher Mitarbeiter oder Rektor nur noch mit angehängtem „in" zu verwenden. Der Aufschrei war groß. Männliche Hochschullehrer fürchteten bereits, mit „Frau Professorin" angesprochen zu werden. Die Sorge war übertrieben, doch eine Flut von Zuschriften überschwemmte die an ruhiges Wasser gewöhnte akademische Verwaltung. Es seien zehn bis fünfzehn Prozent der Kommentare positiv gewesen, teilte die Rektorin mit. Offenbar fand sie das Ergebnis ermutigend, was bei einer Protestquote von 85 bis 90 Prozent schon etwas verwundert. Die schmale Zustimmung verwundert hingegen nicht. Das generische Femininum tut genau das, was Feministinnen dem verhaßten Maskulinum fälschlicherweise vorwerfen, es grenzt aus. Es will die Opferrolle umdrehen, Matriarchat statt Patriarchat.

Von Gästinnen und Gästen

Dem nordrhein-westfälischen Ministerpräsidenten und nachmaligen Bundespräsidenten Johannes Rau wird die Äußerung zugeschrieben, er werde erst dann „Bürgerinnen und Bürger" sagen, wenn sich der „Bürgerinnensteig" eingebürgert habe. Die Anekdote erinnert daran, wie ungebräuchlich einmal war, was heute als Paarform bezeichnet wird. Inzwischen ist in dem von „woker" Population geprägten Teil Sprach-Trizonesiens die Paarform die Regel. Sie stellt den größten Erfolg der Genderoffensive dar, auch wenn sich rechte Freude darüber nicht einstellen will. Die Nachteile sind erheblich. So widerspricht der gendergetriebene Doppelaxel dem Sparsamkeits-Prinzip der Sprache. Bürgerinnen und Bürger, Gästinnen[49] und Gäste, Finninnen und Finnen, Kraftfahrzeugmechatronikerinnen und Kraftfahrzeugmechatroniker: Die Doppelung ist umständlich, unschön ist sie außerdem. Ein Journalist, der penibel doppelt, kann sich weitere Nachweise eines beklagenswerten Stils ersparen. Eleganz klingt anders, das weiß natürlich auch das gläubige Mitglied der Gender-Gemeinde. Deshalb behilft man sich. Unterformen ploppen auf. Aus dem umständlichen Schülerinnen und Schüler wird ein knackiges SuS. Beliebt sind Manöver der Schadensbegrenzung. Im „Merkblatt für Notare über Beistandspflichten" der Oberfinanzdirektion von Frankfurt am Main vom Dezember 2016 kamen nur „Notar" und „Notare" vor. Beschwichtigend hieß es im Vorwort: „Geschlechterspezifische Bezeichnungen werden aus Vereinfachungsgründen lediglich in der männlichen Form verwendet." Prompt handelte sich die Oberfinanzdirektion einen strengen Tadel von feministischer Seite ein. Gerade für Behörden sei die Umgehung der gendergerechten Sprache „inakzeptabel", monierten Gabriele Diewald und Anja Steinhauer in ihrem Buch „Richtig Gendern".[50] Die listige Methode des präventiven Mitmeinens ist kein Alleinstellungsmerkmal der Oberfinanzdirektion Frankfurt. Es bediente sich ihrer auch die frühere Bundesfamilienministerin Franziska Giffey (SPD). Auf Seite 266 ihrer Doktorarbeit „Europas Weg zum Bürger" entdeckt man die Fußnote: „In dieser Arbeit werden mit der Verwendung des Begriffs ‚Bürger' sowohl Bürgerinnen als auch Bürger gleichermaßen erfaßt. Aus Gründen der einfacheren Lesbarkeit wird auf das Ausschreiben der weiblichen Form verzichtet." Si tacuisses philosophus manisses! („Hättest du den Mund gehalten, wäre dir viel Ärger erspart geblieben.") Mit ihrer Doktorarbeit hat Frau Giffey bekanntlich nicht bloß wegen dieser Fußnote viel Ärger gehabt.

Die Paarform ist unelastisch und gespreizt. Sie schafft einen zusätzlichen Raumbedarf, den das generische Maskulinum erspart. Dabei lernt man schon in der Schule, sich kurz und bündig auszudrücken und Lametta zu vermeiden. Anhänger des Genderns bestreiten nicht das Raumgreifende ihrer Sprachvorschläge. „Beim Schreiben wird die Ökonomie durch *innen etwas mehr belastet, das geben wir zu. Aber: Es sind gerade einmal sechs Zeichen für viel Gerechtigkeit. Sechs Zeichen für den Paradigmenwechsel von patriarchaler zu gleichberechtigter Sprache", argumentieren die Journalisten Petra Gerster und Christian Nürnberger in „Vermintes Gelände", einem Buch, in dem mal witzig, mal todernst für das Gendern geworben wird.[51] Das Argumentationsmuster läßt sich wie ein Streckverband über das ganze verminte Gelände ziehen. Wo Höheres im Spiel ist, wird der Einwand mangelnder Ökonomie zur Knallerbse, es lohnt sich nicht, darüber zu streiten. Dabei weiß jeder Redakteur, immer fehlt es an Zeilen, immer ist die Sendezeit zu knapp. Umständliche Sprache, auch wenn sie höheren Zielen dient, geht zu Lasten der Information. Der folgende Satz stammt aus einer Meldung vom Mai 2022. „Volker Bouffier, der dienstältteste Ministerpräsident, hört auf." „Gerecht" umgebaut, würde er lauten: „Volker Bouffier, der dienstälteste der Ministerpräsidentinnen und Ministerpräsidenten, hört auf." In Variante eins braucht die Nachricht 58 Zeichen, in Variante zwei 88. Noch ein Beispiel, zuerst der gegenderte Satz: „Ein Lehrer/eine Lehrerin kennt seine/ihre Schüler_innen, denn er/sie unterrichtet sie jeden Tag." Umgangssprachlich würde man sagen: „Ein Lehrer kennt seine Schüler, denn er unterrichtet sie jeden Tag." Die Umgangssprache braucht 58 Zeichen, umformatiert in die „gerechte" Sprache sind es 86.

Frau Reker ist nur für die Männer da

Muß Gerechtigkeit umständlich sein? Sind die Befürworter des Genderns Kompromissen zugänglich? Besitzt für sie die Schönheit der Sprache einen Wert? Wer die Szene beobachtet, gelangt zu dem Schluß, daß die Bereitschaft, diese auf dem Altar der Ideologie zu opfern, sehr groß ist. Nicht nur die Aktivisten, auch die Mitläufer gehen über offenkundige Widersprüche mit einer frappierenden Nonchalance hinweg.

In der Stadt Köln wurde 1982 die bundesweit erste kommunale Gleichstellungsbeauftragte eingesetzt. Weil Tradition verpflichtet, läßt es die amtierende Oberbürgermeisterin Henriette Reker an Einsatz für das Gendern nicht fehlen. Ein aufwendiger, 54 Seiten umfassender „Leitfaden für eine wertschätzende Kommunikation bei der Stadt Köln" trägt ihre Unterschrift. Bei der Kommunalwahl 2020 warben großflächige Plakate mit dem Slogan für Reker, Köln müsse weiterhin „Chefinnensache" bleiben. Die Chefin wurde wiedergewählt. Ihren Amtstitel behielt sie unverändert bei: Oberbürgermeisterin. Für die Kader des Neusprechs klingt das Wort wie zerspringendes Glas. Wie das? Das Kölner Stadtoberhaupt ist nur für Männer da? Werden Frauen im Kölner Rathaus bloß „mitgedacht"? Politisch korrekt müßte die Amtsbezeichnung von Frau Reker Oberbürger_Innenmeisterin lauten. Bundeskanzler Olaf Scholz, der sich selbst frohgemut als Feminist bekennt, lenkt die Geschicke der Republik aus einer Immobilie namens Kanzleramt, die auch in der Regierungszeit von Angela Merkel so hieß. Nicht nur beim Amtssitz, auch beim Bürgergeld, das seine Regierung als bahnbrechende Sozialreform preist, läßt Scholz die Frauen sprachlich im Regen der Nichtbeachtung stehen. Die Peinlichkeit hat Methode. Die Paarform (Bürgerinnen und Bürger) funktioniert bloß dort, wo das jeweilige Hauptwort für sich steht. Bei zusammengesetzten Substantiva ist alle Mühe umsonst. Hier würde die Methode nur um den Preis der Lächerlichkeit funktionieren. Pilotinnen nehmen weiterhin an Pilotenstreiks teil, Innenministerinnen besuchen die Innenministerkonferenz, weibliche Bäckereibesitzer gehören der Bäckerinnung an. Und obwohl sprachliche Reinigungskräfte schon vor einer Weile das Wort Flüchtling ausgekehrt und durch Geflüchtete ersetzt haben (die Endsilbe „ling" ist angeblich verkleinernd und damit herabwürdigend), spricht man selbst im genderbewegten ZDF von Flüchtlingskrise, und der UNHCR steht auch für die Tagesschau-Redaktion noch immer dem Hohen Flüchtlingskommissariat vor. Die Lehrkraft, die ihren Schülern den richtigen Gebrauch der Paarform beibringen soll, ist nicht zu beneiden.

Opfer überkreuz: Wo bleibt das dritte Geschlecht?

Wir haben gesehen, daß Gender-Aktivisten es mit der Regeltreue nicht so streng halten. Die Paarform ist bei zusammengesetzten Substantiven nicht anwendbar? Und wenn schon! Weh tut dagegen der Vorwurf, die Paarform fördere den Sexismus. Dieser Vorwurf ist vielfach zu hören. Er wird u.a. erhoben in einer an den Deutschen Bundestag gerichteten Petition, die überwiegend von Frauen unterzeichnet ist. „Gendern ist sexistisch", heißt es da. „Sexualisierte Sprache hebt Unterschiede hervor, wo sie bedeutungslos sind, und verschleiert sie, wo sie zum Informationsgehalt gehören. Verallgemeinernde Aussagen und Vergleiche sind nicht länger möglich."[52] Die Initiatorin der Petition ist Sabine Mertens, Abteilungsleiterin beim Verein Deutsche Sprache. Der VDS hat den Kampf gegen das Gendern auf seine Fahne geschrieben, sein Vorsitzender Walter Krämer, emeritierter Ökonomie-Professor, ist so etwas wie der Cato der Gender-Kritik. Die Anklage „Du bist sexistisch" (rassistisch, homophob etc.) ist eine Bazooka, die üblicherweise von identitärer Seite auf alte weiße Männer abgefeuert wird, um sie aus dem Kreis der Guten herauszuschießen. Die Petentinnen drehen die Waffe um und zielen auf die Legitimität der Bewegung. Was ist dran an ihrem Sexismus-Vorwurf?

Dem älteren Feminismus ging es darum, rechtliche Ungleichheiten zwischen Frauen und Männern zu beseitigen. Das Geschlecht sollte in Beruf und Alltag keine Rolle mehr spielen. Das Gendern tut das Gegenteil. Es bündelt die Aufmerksamkeit auf das Geschlecht. Bei „Bürgerinnen und Bürger" verschwimmt der Kontext „Staatsbürger". Der Citoyen wird geschrumpft auf ein einziges Merkmal: den Sexus. Folgerichtig urteilt der Autor Fabian Payr: „Der ständige Hinweis auf die Kategorie Geschlecht zementiert genau die Differenz, die durch Gleichberechtigung eigentlich aufgehoben werden soll."[53] Natürlich finden es Gender-Aktivisten unerhört, wenn ihr Tun sexistisch genannt wird. Aber schließlich sie sind es, die darauf pochen, daß Sprache das Bewußtsein prägt. Sie können nicht ernsthaft bestreiten, daß ein allabendliches Nachrichten-Potpourri aus „Politikerinnen und Politikern", „Ministerpräsidentinnen und Ministerpräsidenten", „Expertinnen und Experten" die Bedeutung des Sexus in die Höhe treibt wie den Strich auf dem Fieberthermometer. So haben sie sich das nicht vorgestellt: Als geballte Sprachladung wirkt das Gendern wie eine Kontraindikation auf die Therapie des klassischen Feminismus.

Überhaupt ist das Verhältnis von Feminismus und anderen identitätspolitischen Denominationen durch das Gendern spannungsgeladen. Es gehört zu den Schwächen des nach Stämmen gegliederten Sozialverbands, daß jede hinzutretende Ethnie die Ordnung verkompliziert. Opferkonkurrenz entsteht, die Platzhirsche müssen sich verteidigen. In dieser Situation befindet sich gegenwärtig der Feminismus. Überall dort, wo Ressourcen zu verteilen sind, genügt es nicht mehr, Frauenrechte einzuklagen. Geltung verlangt auch die „Identität Hautfarbe". Das hat konkrete Auswirkungen, beispielsweise auf die Zusammensetzung von Talkrunden im Fernsehen. Der schlichte Abzählreim Mann/Frau war gestern.

Heute achten Rundenplaner darauf, daß möglichst auch der Faktor Hautfarbe berücksichtigt wird.

Besonders heftig schrammt es im Beziehungsgeflecht Feminismus/„Queer"-Bewegung. Letztere versteht sich als Lobby minoritärer sexueller Einstellungen. LGBT ist die Abkürzung der englischen Wörter Lesbian, Gay, Bisexual und Transsexual. Frisch importiert wurden neuerdings die Buchstaben QIA. Sie bezeichnen Queer, Intersexual und Asexual. Häufig findet man die Buchstabenkombination mit einem angehängten +, was zum Ausdruck bringen soll, die Richterskala ist nach oben offen. In puncto Publizität hat die „Queer"-Bewegung in den letzten Jahren einen enormen Schritt nach vorn gemacht. Auf dem Dezibelmesser des öffentlichen Lärms erreicht sie Werte, mit denen verglichen der Feminismus nur noch ein Hintergrundgeräusch ist. Innerhalb von LGBTQIA+ haben Transleute und Androgyne momentan das lauteste Organ. Dagegen scheinen Schwule und Lesben performativ gealtert.

Es ist u.a. die Gendersprache, die Feminismus und „Queer"-Bewegung aneinander geraten läßt. Hauptunfallursache ist ausgerechnet die zuletzt mehrfach erwähnte Paarform, auf die Feministinnen besonders stolz sind. Die so ermüdende Doppelnennung „Bürgerinnen und Bürger" verfolgt erklärtermaßen den Zweck, das generische Maskulinum auszuhebeln und Frauen „sichtbar" zu machen. Das gelingt auch, nur daß der explizite Einschluß der Frauen das Dritte Geschlecht in all seinen Variationen unweigerlich ausschließt. Dies muß die „Queer"-Bewegung als Lobby des Dazwischenliegenden im Mark treffen. Natürlich steckt das generische Maskulinum dem Dritten Geschlecht so wenig ein Licht auf wie den Frauen. Immerhin können seine Verfechter argumentieren, es schließe aufgrund seiner biologischen Indifferenz LGBT genauso ein wie das weibliche Geschlecht. Bei „Bürgerinnen und Bürger" fällt diese Verteidigung flach. Nach „queerer" Lagebeurteilung besteht der Skandal darin, daß die Verwendung der Paarform Heterosexualität dick unterstreicht, als gäbe es nichts anderes. Und dagegen, gegen die „Heteronormativität", richtet sich der ganze Zorn der LGTBQIA+-Gemeinde. „Die theoretisch entscheidende Leistung von Queer Theory ist es, Heterosexualität analytisch als ein Machtregime rekonstruiert zu haben", erklärt Sabine Hark, Chefin des Zentrums für interdisziplinäre Frauen- und Geschlechterforschung an der TU Berlin.[54] Für Hark und die „Queer"-Leute ist das „Heteronormative" und alles, was die Ordnung nach dem Muster von Adam und Eva in Stein meißelt, der wahre Feind. Diese Ordnung sei weder göttlich noch naturgegeben, sagen sie, sie sei von den Heterosexuellen konstruiert und werde durch ihr „Machtregime" verteidigt. Das Basislager dieses Machtregimes sehen sie als Adepten des Postmodernismus in der Sprache. Manche Trans-Aktivisten gehen in ihrer Enttäuschung so weit, daß sie das generische Maskulinum weniger ruchlos finden als die Paarform. Bei „dem Mutigen gehört die Welt" könne man sich als Trans-Mensch immerhin mitgemeint fühlen. Keine Behelfsbrücke existiere bei „Expertinnen und Experten".

Vielleicht kommt es ja über den Einspruch „queerer" Menschen zu einem Freispruch des generischen Maskulinums. Die österreichische Linguistin Ursula Doleschal streicht die „Fähigkeit maskuliner Personenbezeichnungen, geschlechtsabstrahierend" verwendet zu werden, heraus.[55] Marietta Slomka, ZDF-Moderatorin und förderndes Mitglied der Gender-Partei, gesteht in ihrem Buch *Nachts im Kanzleramt*, sie benutze bei häufig verwendeten Begriffen wie ‚Politiker' das generische Maskulinum, „das ausdrücklich alle drei Geschlechter einbeziehen soll, auch wenn Gender-Befürworter*innen das als ungenügend empfinden".

Man wird sehen, in welche Richtung sich die Debatte bewegt. Schon jetzt ist LGBTQIA+ Juckreiz auf der empfindlichen Haut der Gender-Anhänger. Nach einem Bundesverfassungsgerichtsurteil von 2017 kann jeder, der sich in der Heteronormativität/Binarität unbehaust fühlt, ein „divers" ins Melderegister eintragen lassen. Was aber folgt daraus? „Meine sehr verehrten Damen und Herren, liebe Diverse" wäre eigentlich das korrekte Intro. Allerdings hat man es sogar bei Personalversammlungen im Rathaus von Hannover, einer Bastion des Behörden-Genderns, noch nie vernommen. In die Kategorie ungelöste Rätsel fallen auch die Pronomen, die Angehörigen des Dritten Geschlechts appliziert werden könnten. Weil sich „er" oder „sie" selbstredend verbieten, experimentierten akademische Diversitäts-Mechatronikerinnen allen Ernstes mit „they", „xier" oder „sier"; die Versuche fielen jedoch durch. Nicht besser erging es einer Idee aus Österreich, der Verlegenheit des „er" oder „sie" durch Neutralisierung zu entkommen. Die dortige Umgangssprache kennt das „eines" als Ersatz für das maskulin vergiftete Wort „jemand". Beispiel: „Wenn eines denkt" und so weiter. Indessen konnte sich bisher auch für die Österreich-Lösung niemand erwärmen. Schon reichlich resignativ nennt Henning Lobin vom Leibniz-Institut für Deutsche Sprache fehlende Pronomina für das Dritte Geschlecht eine „Lücke im System, die erst jetzt sichtbar wird".[56]

Tote Radfahrende und zuhause gebliebene Wählende

Angesichts der sich auftürmenden Schwierigkeiten haben linke Sprachwissenschaftler den Versuch aufgegeben, die Gendersprache als Regelwerk zu etablieren. Passend zur gesellschaftlichen Dachmarke Vielfalt fordern sie, jeder müsse nach seinem Gusto reden dürfen. „Ich bin für Pluralisierung", konstatiert die Psycholinguistin Damaris Nübling. „Sie läßt sich ohnehin nicht verhindern."[57] Pluralisierung bedeutet jedoch mitnichten das freie Spiel sprachformender Kräfte. Richtig gegendert ist nur das, was der Kreativität marginalisierter Minderheiten entspringt. Das Berliner Projektbüro für Diversitätsentwicklung läßt es an der nötigen Klarheit nicht fehlen: „Wir möchten Selbstbezeichnungen respektieren und von den Communities lernen. ‚Richtig gendern' heißt für uns daher, unseren Sprachgebrach immer wieder im Austausch mit den jeweiligen Communities zu hinterfragen und anzupassen."[58] Zum Durchbruch hat der Austausch noch nicht geführt. Noch liegt eine akzeptierte Selbstbezeichnung des Dritten Geschlechts in weiter Ferne. Und nach wie vor stellt das friendly fire in Gestalt der heteronormativen Paarform ein Problem dar. Im Angebot sind Schleichwege, einer instrumentalisiert das Partizip I.

Beginnen wir mit einer beiläufigen Begebenheit: Eine Dame, Arztgattin, die gelegentlich in der Praxis ihres Mannes bei der Terminvergabe aushilft, erhält den Anruf einer jungen Frau. Ihr Name steht nicht in der Kartei. Als Neu-Patientin muß sie ein paar Fragen beantworten. Aufgefordert, ihren beruflichen Status zu nennen, antwortet sie „Studierende". Worauf die Arztgattin sie schlagfertig korrigiert: „Nein, Sie sind Telefonierende". Ihr Sprachgefühl trog sie nicht. Das Partizip Präsenz mit dem angehängten ‚end' bezeichnet keinen Zustand, vielmehr eine Handlung, die gerade jetzt stattfindet. Studierende wäre die junge Frau, verfolgte sie gerade eine Vorlesung oder säße am Schreibtisch bei einer Seminararbeit. In Wirklichkeit hat sie ihr Smartphone am Ohr, um einen Arzttermin zu vereinbaren.

Wer den Schleichweg Partizip I erfunden hat, läßt sich nicht rekonstruieren. Mittlerweile ist er zu einem Trampelpfad geworden. Natürlich wissen Radio- oder Fernsehredakteure, daß Studenten nicht 24 Stunden am Tag studieren und Lokführende hoffentlich nicht pausenlos ihre Lok führen. Vielleicht ist ihr Sprachgefühl noch so weit intakt, daß es jedesmal „Störung" funkt, wenn sie Demonstranten in Demonstrierende verwandeln und Schauspieler in Schauspielende. Aber wenn es darum geht, den Ansprüchen der LGBTQIA+-Gemeinde Folge zu leisten, ist kein Opfer zu groß. Dabei stellt sich heraus, daß das Erhabene nur ein paar Schritte vom Lächerlichen entfernt ist. Als „Zeit-Online" am Abend der NRW-Landtagswahl 2022 meldete: „Viele andere Wählende blieben diesmal zuhause", wandte sich der Gast mit Grausen. Allgemeines Gelächter rief das Hamburg-Journal des NDR mit der Forderung hervor: „Wir wollen keine toten Radfahrenden in der Stadt." Preiswürdig agierte ein von der Caritas geleitetes Altenheim in der Stadt Hamm. Mit der Anrede „Liebe Angehörige unserer Bewohnenden" lud die Heimleitung zu einem gemeinsamen „Frühjahrs-Frühstück" ein.

Das Verbiegen des Partizip I ist nur eine Form, die Geschlechtsbezeichnung zu neutralisieren. Eine andere ist der sogenannte Gender-Gap. In Gender-Ratgebern findet man hier und da die Schreibweise Athlet_in und Bäcker_in. Aber die Community springt nicht darauf an. Man möchte sich nicht durch einen Unterstrich repräsentiert sehen. Besser aufgenommen wurde der Asterisk, das Sternchen hinter der männlichen Form. Wer Ausschreibungstexte liest oder Behördenschreiben, stolpert über die Asteriske. An manches hat man sich durch Wiederholung gewöhnt (Lehrer*in), an manches nicht. „Hat gestern eine*r seine*ihre Bücher in der Bibliothek vergessen?", wurde in einem Aushang der Uni Köln gefragt. Die Uni Wien unterstrich mit der Anrede „Lieb* Studierend*" ihre Ambition, als akademische Einrichtung besonders phantasievoll mit dem Gendern umzugehen.

Der Neusprech treibt unzählige Blüten. Regellosigkeit ist die Regel. Ins Auge fällt, daß bei Personenbezeichnungen mit unerfreulichem Sachverhalt der sprachsensible Ehrgeiz verpufft. Bei Mörder, Sittlichkeitsverbrecher oder Urkundenfälscher wurde noch nie ein Genderstern entdeckt. Ein/eine Schelm*in, die Böses dabei denkt! Die leicht durchschaubare Doppelmoral dürfte dem Gendern keine neuen Kunden zuführen. Abschreckend wirkt auch das Durcheinander auf der Angebotsseite. Wer sich die Mühe macht, sämtliche Schreibweisen des geschundenen Wortes Bürger aufzulisten, braucht viel Platz:

Bürger/-in
Bürger/in
BürgerIn
Bürger*in

Bürger:in
Bürger.in
Bürger_in
Bürg_erin
Bürgx (Plural: Bürgxs)

Vor einer besonderen Herausforderung stehen all jene, die am Radio, im Fernsehen und in öffentlicher Rede gendern, sei es, weil sie es wollen, sei es, weil sie es sollen. Asterisk, Schrägstich, Unterstrich, Doppelpunkt usw. lassen sich nicht sprechen. Wie kann man nachweisen, daß man den Schuß trotzdem gehört hat? Wie soll man dokumentieren, daß man nicht zu den alten weißen Männern gehört, die ihr taumelndes Imperium mit Zähnen und Klauen gegen das Sühnebegehren diskriminierter Frauen und marginalisierter Trans-Menschen verteidigen? Schließen soll die Bedarfslücke der sogenannte gesprochene Genderstern. Es handelt sich um eine Kunstpause, die nach einer männlichen Personenbezeichnung eingelegt wird: Ingenieur/Pause/innen. Für die Kunstpause gibt es ein Fremdwort. Unter Glottisschlag versteht man laut Wikipedia in der Phonetik einen Konsonanten, „der durch die plötzliche, stimmlose Lösung eines Verschlusses der Stimmlippen gebildet wird". Man könne auch, schlägt Wikipedia vor, von „Einschaltknack" oder „Stimmritzenverschlußlaut" sprechen. Es ist schwirig, den Glottisschlag mundwerklich hervorzubringen. Fällt die Pause zu kurz aus, wird die Personengruppe ungewollt femininisiert (Ingenieurinnen), was die „Queer"-Leute ärgert. Fällt sie zu lang aus, denkt man an Senderausfall. In beiden Fällen handelt es sich um einen recht bemühten Sprechakt, der den Fluß unangenehm unterbricht.

Die Anmaßung der Selbstgerechten

Der kurze Durchlauf durch die Praxis des Genderns zeigt eine wild wuchernde Vegetation. Die gärtnerische Aufgabe obliegt dem Rat für deutsche Rechtschreibung. Für die letzte Rechtschreibreform war er nicht verantwortlich. Doch schleppt er die Erblast dieses Unternehmens mit sich, das nirgendwo in den Mitgliedsländern als großer Wurf angesehen wird. Der Rat soll nach seinen Statuten die Schreibentwicklung beobachten, Zweifelsfälle klären und Vorschläge zur Anpassung des Regelwerks unterbreiten. Ihm weht der Wind ins Gesicht. In Deutschland tun öffentliche Verwaltungen so, als gäbe es den Rat nicht. Gleiches gilt für die Duden-Redaktion, die nicht ernsthaft behaupten würde, sie sei im Gender-Streit unparteiisch. Die Online-Version des Duden von 2021 beerdigte das generische Maskulinum; Mieter, Lehrer, Arzt wurden als ausschließlich männliche Personen definiert. Auch auf dem Buchmarkt präsentierte sich die Redaktion als Gender-Agentur. Der Ratgeber „Richtig gendern" von 2017 stellt im Vorwort apodiktisch fest: „Die Einsicht, daß eine moderne Gesellschaft sich der Aufgabe stellen muß, eine gendergerechte Sprache zu etablieren, hat sich seit einigen Jahrzehnten im deutschsprachigen Raum – wie in allen westlichen Gesellschaften – großflächig durchgesetzt."[59]

Im Rat selbst gehen die Meinungen über das Gendern auseinander. Immerhin legte das Gremium 2021 Kriterien für „geschlechtersensible Schreibung" vor. Texte sollen

- sachlich korrekt sein,
- verständlich und lesbar,
- vorlesbar,
- für Leser und Hörer die Möglichkeit zur Konzentration auf die wesentlichen Sachverhalte und Kerninformationen sicherstellen,
- das Erlernen der geschriebenen deutschen Sprache nicht erschweren.

Beachtung verdient u.a. der letzte Punkt. Die Rechtschreibkompetenz deutscher Schüler befindet sich, wie wir gesehen haben, im Sinkflug. Für 30 Prozent der Viertklässler sind die orthographischen Mindeststandards zu hoch.[60] Neue Normen draufzusatteln, würde das Problem vergrößern. Fachleute wie Philipp Haußmann, Chef des Schulbuchverlags Klett-Cotta, warnen denn auch: „Gendern wäre eine Überforderung für die Sprachanfänger."[61] Zwar hat noch keine Schule gewagt, das Gendern einzuführen, aber gezündet wird überall. Auf der Frankfurter Buchmesse 2022 fand eine Podiumsdiskussion unter der Überschrift „Wie machen wir Kinder zu (kleinen) Leseheld*innen?" statt. Eine Zeitung berichtet vom Fall einer Lehrerin, die folgende Einladung an ihre 5. und 6. Kläßler richtete: „Liebe*r Schülere*in, hiermit laden wir ... Dich zu einem ersten Treffen der neu entstehenden AG für Schüler*innen aus dem LGBTQ+-Spektrum ein."[62] Der baden-württembergische Ministerpräsident Winfried Kretschmann ist gegen das Gendern im Unterricht. Ihm entgeht nicht, daß viele seiner grünen Parteifreunde mit den Hufen scharren. Kretschmann: „Die Schulen müssen sich an das halten, was der Rat für deutsche Rechtschreibung vorgibt. Sonst haben wir am Ende keine einheitliche Rechtschreibung mehr. Es ist schon schlimm genug, daß so viele unserer Grundschüler nicht lesen können."[63]

Auf Rücksichtnahme sind nicht nur Schüler angewiesen. Unter den Erwachsenen in Deutschland tun sich 6,2 Millionen schwer mit Lesen und Schreiben. In der Fachsprache heißen sie Personen mit geringer Literalität. Auch keine quantité négligéable sind die 21 Millionen Menschen mit Migrationshintergrund in Deutschland; 2,9 Millionen von ihnen haben keinen Schulabschluß. Nicht vergessen darf man die 1,2 Millionen Blinden und schwer Sehbehinderten. Im Ganzen sind es rund 30 Millionen Menschen, die in besonderer Weise auf verständliche und lesbare Texte sowie eine möglichst leicht erlernbare Schreibung angewiesen sind. Diesen Menschen zu helfen und ihnen jedenfalls das Leben nicht unnötig schwer zu machen, versprechen alle politischen Parteien. Das Zielwort Inklusion fehlt in keiner bildungspolitischen Sonntagsrede. Aber wenn es um die „geschlechtersensible" Sprache geht, ist Barrierefreiheit ein Fremdwort, sind die Belange der Schwachen einerlei. In Frankreich hat die Regierung das Gendern, weil integrationsfeindlich, an Schulen verboten. Auch der Rat für deutsche Rechtschreibung vertritt einen klaren Standpunkt.

Er moniert, die Gebote der Lesbarkeit, der Verständlichkeit und des leichten Erlernens würden „von den in den letzten Jahren in manchen Bereichen, vor allem Kommunen und Hochschulen verfügten Vorgaben zur geschlechtergerechten Schreibung nicht erfüllt. Das gilt vor allem für die Nutzung von Asterisk, Unterstrich, Doppelpunkt und anderen verkürzten Zeichen, die innerhalb von Wörtern eine ‚geschlechtergerechte Bedeutung' zur Kennzeichnung verschiedener Geschlechteridentitäten signalisieren sollen … Ihre Nutzung innerhalb von Wörtern beeinträchtigt daher die Verständlichkeit, Vorlesbarkeit und automatische Übersetzbarkeit sowie vielfach auch die Eindeutigkeit und Rechtssicherheit von Begriffen und Texten. Deshalb können diese Zeichen zum jetzigen Zeitpunkt nicht in das Amtliche Regelwerk aufgenommen werden."[64]

Es spricht Bände, daß die in der Stellungnahme besonders adressierten Kommunen weiter bei Rot über die Ampel fahren und damit ein für staatliche Institutionen verheerendes Rechtsverständnis an den Tag legen. Stadtverwaltungen, die die Gendersprache einführen, handeln aus eigener Machtvollkommenheit. Die Bürger werden nicht befragt; man weiß, sie würden dagegen stimmen. Mit obrigkeitsstaatlichem Gestus reagiert die Stadtverwaltung Hannover auf Anfragen: „In der Landeshauptstadt Hannover wird seit Januar 2019 offiziell der Gender Star als Möglichkeit, Schriftstücke geschlechtergerecht zu formulieren, genutzt. Eines Ratsbeschlusses bedurfte es dafür nicht. Wir als Landeshauptstadt Hannover sind der Ansicht, daß geschlechtliche Vielfalt auch in der Ansprache unserer Einwohner*innen und Mitarbeitenden berücksichtigt werden muß, mindestens seit der Änderung des Personenstandsgesetzes und dem Recht auf einen positiven Geschlechtseintrag."[65]

Der Hinweis auf die Änderung des Personenstandsrechts meint die Entscheidung des Bundesverfassungsgerichts von 2017, von der oben schon die Rede war. Karlsruhe hatte damals einen weiteren Geschlechtseintrag (divers) in den Personalunterlagen für notwendig erachtet. Das Gericht erklärte, auch Personen, die sich nicht als weiblich oder männlich definierten, seien vom Grundgesetz vor Diskriminierung geschützt. Die Einführung des Genderns (das Wort kommt in der Entscheidung nicht vor) aus dem Urteil herzuleiten, läßt sich jedoch nur als juristische Aneignung bewerten. Das hindert die Stadt Köln nicht, genauso wie die Stadt Hannover zu argumentieren. Die domstädtische Verwaltung setzt sogar noch einen Schelmen drauf. Sie beruft sich auf ein Rechtsgutachten der Berliner Professorin Ulrike Lembke. Lembke hatte ihr Gutachten im Auftrag der Stadt Hannover erarbeitet und war zu dem erstaunlichen Schluß gelangt, das Gendern in Behörden sei grundgesetzlich zwingend vorgeschrieben. Auf die Frage, wieso die Verwaltung die Empfehlungen des Rats für deutsche Rechtschreibung ignoriere, antwortete das kölnstädtische Amt für Vielfalt/Abteilung Vielfalt lapidar: „Der Rat für deutsche Rechtschreibung empfiehlt die Verwendung von Sonderzeichen wie beispielsweise dem Asterisk bislang nicht. Insofern weicht das Sprachhandeln der Stadt Köln vom Regelwerk ab."[66]

Wo mit dem Recht so freihändig umgegangen wird, sind der Sprachanarchie Tür und Tor geöffnet. Das mag nicht jedermann schrecken. In linken Kreisen trifft man gelegentlich auf die Ansicht, Regellosigkeit schaffe Freiheitsgewinn. Dem widerspricht die Alltagserfahrung. Suspendierte man z.B. die Straßenverkehrsordnung, die Zahl der „toten Radfahrenden" würde weiter steigen, was die Anhänger des Genderns, von denen viele auch Anhänger des Radfahrens sind, dann sicher veranlassen würde, zusätzliche Schutzmaßnahmen für lebende Radfahrende zu fordern. Um den Wildwuchs einzudämmen, ermahnte Christine Lambrecht, damals Justizministerin und unverdächtig, im Dienst des Patriarchats zu stehen, 2021 in einem Rundbrief die Mitarbeiter der Bundesbehörden ausdrücklich, Asterisk oder Unterstrich nicht zu verwenden. Wenigstens diesen Erfolg konnte der Rechtschreibrat für sich verbuchen.

Volkes Stimme

Wie alle, die mit Macht etwas verändern wollen, sind die Partisanen der Gendersprache davon überzeugt, es müßten eigentlich alle Menschen, die alten weißen Männer ausgenommen, ihren Glauben an die unabdingbare Wichtigkeit des Genderns teilen. Nur deshalb konnten die Duden-Autorinnen Gabriele Diewald und Anja Steinhauer 2017 schreiben, es habe sich die Einsicht in die Notwendigkeit einer gendergerechten Sprache „im deutschsprachigen Raum – wie in allen westlichen Gesellschaften – großflächig durchgesetzt".[67] Davon kann jedoch nicht die Rede sein. Richtig ist das Gegenteil. Die meisten Deutschen lehnen das Gendern ab oder haben andere Sorgen.

Bei einer Umfrage von infratest dimap (2021) sprachen sich knapp zwei Drittel der befragten Wahlberechtigten gegen die Verwendung von Gender-Formen in Medien und Öffentlichkeit aus, 9 Prozent mehr als bei einer ähnlichen Umfrage ein Jahr zuvor. Am gender-freundlichsten äußerten sich Anhänger der Grünen, aber auch hier betrug die Zustimmung nur 47 Prozent (SPD: 33, CDU/CSU: 25, Linke: 25, FDP: 17, AfD: 11). Unter den weiblichen Befragten votierte noch nicht einmal ein Drittel pro Gendern (31 Prozent); bei den Männern waren es 21 Prozent. Kommentar infratest dimap: „Die zunehmende Präsenz einer gendergerechten Sprache in Medien und Öffentlichkeit hat deren Akzeptanz nicht gesteigert."[68]

Das ZDF-Politbarometer wollte 2021 von den über 18-Jährigen wissen: „Wie wichtig finden Sie es, daß die Medien auf eine geschlechtergerechte Sprache achten?" Sechs Prozent der Befragten fanden es „sehr wichtig", 20 Prozent „wichtig", 25 Prozent „nicht so wichtig", 48 Prozent „überhaupt nicht wichtig".

Ebenfalls 2021 fragte das Institut Allensbach: „Wenn jemand sagt: Man sollte in persönlichen Gesprächen immer darauf achten, daß man mit seinen Äußerungen niemanden diskriminiert oder beleidigt. Daher sollte man z.B. neben der männlichen auch immer die weibliche Form benutzen." Ganze 19 Prozent teilten den Standpunkt, 71 Prozent fanden ihn übertrieben. In seiner Bewertung hob das Institut hervor, das Gendern sei keine Generationenfrage. Auch unter jungen Leuten (unter 30) gebe es keine Mehrheit für das Gendern. Am aufgeschlossensten waren laut Allensbach noch die Grünen-Anhänger, doch überwog selbst in dieser Gruppe die Ablehnung (65 Prozent).[69]

In Ostdeutschland ist man gegen das Gendern noch allergischer als in der alten Bundesrepublik. Das dokumentiert eine vom Mitteldeutschen Rundfunk (MDR) in Auftrag gegebene Umfrage aus dem Jahr 2019. „Finden Sie die Schreibweise mit Genderstern sinnvoll?", wurde gefragt. Zustimmend antworteten 14 Prozent, ablehnend 86 Prozent.[70]

Die Liste läßt sich beliebig verlängern.[71] Alle bestätigen den Befund: Das Gendern hat die große Mehrheit gegen sich. Und der Trend geht weiter nach unten. Der „HR-Monitor" des HR-Researchers Trendence registrierte 2022 eine wachsende Gleichgültigkeit in Sachen geschlechtersensible Sprache. Bei einer Befragung von 3954 Beschäftigten in Deutschland fanden es nur 35 Prozent wichtig, daß Arbeitgeber eine gendergerechte Kommunikation pflegen. Ein Jahr vorher waren es noch zehn Prozent mehr gewesen.[72]

Betrachten wir noch zwei weitere Erhebungen. Beide sind nicht repräsentativ, sie lassen aber den Schluß zu, daß Intellektuelle, denen man eine Schwäche für das Spekulative nachsagt, dem Gendern ähnlich skeptisch gegenüberstehen wie der Rest der Bevölkerung. 2021 wurden die Mitglieder des deutschen PEN-Zentrums gefragt: Sind Sie 1. Für die Beibehaltung des generischen Maskulinums, 2. Für Doppelnennung, 3. Für den Asterisk, 4. Für andere Kurzformen, 5. Für den Glottisschlag? Die männlichen Mitglieder votierten mit großer Mehrheit für das generische Maskulinum; Glottisschlag unter Asterisk fielen ebenso klar durch. Auch die Frauen im PEN wollten das generische Maskulinum beibehalten, allerdings nur mit knapper Mehrheit.[73] Befragt wurden zur selben Zeit Mitarbeiter des Goethe-Instituts. Drei von vier Mitarbeitern fanden am generischen Maskulinum nichts auszusetzen. Eine Zeitung zitierte einen Institutsmitarbeiter aus Ostasien mit der Bemerkung, sollte sich das Gendern durchsetzen, werde das Deutsche in der Welt bald gar nicht mehr gelernt.[74]

Die stetig abnehmende Sympathie für das Gendern bestätigt eine neue Infratest dimap-Umfrage. Die Studie, Ende 2022 im Auftrag des WDR durchgeführt, ergab, daß nur 41 Prozent der Befragten das Gendern gut fanden. Der Rückgang gegenüber 2020 betrug 18 Prozent! Die Einstellung der Frauen unterschied sich nicht von der der Männer. Nur bei den Jüngeren war die Zustimmung größer. Eingeübt scheint inzwischen die Doppelnennung zu sein. Die Mehrheit findet „Sportlerinnen und Sportler" in Ordnung. Nicht gewöhnt hat sie sich an Asterisk und Doppelpunkt und Glottisschlag, die von den meisten abgelehnt werden. Am stärksten ausgeprägt ist die Allergie gegen den Glottisschlag, den 69 Prozent ablehnten. WDR-Programmdirektor Jörg Schönenborn kommentierte die Untersuchung selbstkritisch. „Sprache ist ja etwas ganz Persönliches, und wir wollen so sprechen wie unser Publikum. Und wenn wir feststellen, daß diese Sprechlücke abgelehnt wird, dann empfehlen wir auch, darauf zu verzichten."[75] Ob eine Empfehlung ausreicht, um die Sprachpraxis des Senders mit dem Geschmack des Publikums zu versöhnen, bleibt abzuwarten.

Verantwortung nirgends

Als echte Kulturkämpfer lassen sich die Anhänger des Genderns nicht so leicht entmutigen. Wir haben gesehen, daß die Kritik, die an der verwirrenden Praxis des Neusprechs geübt wird, an ihnen abprallt. Genauso kalt lassen sie die schlechten Zahlen. Was bedeuten schon Zahlen? Sie fühlen sich als Avantgarde und nennen sich „woke". Das in dem Wort steckende Erwecktsein verleiht ihnen den Status von Auserwählten, die vom hohen moralischen Postament teils mitleidig, teils verächtlich auf die „Normalos" herabschauen. Die Mehrheit hat ihre Bewußtseinsstufe noch nicht erreicht, ihr Pech. Nebenbei bemerkt: Relativ betrachtet, sind die Zahlen gar nicht so schlecht. Betriebswirtschaftlich ist das Gendern ein ziemlich mangelhaftes Produkt. Wer damit zwanzig Prozent der Verbraucher zu sich herüberholt, kann erst einmal zufrieden sein. Der Kampf, den man führt, ist ohnehin ein Marathon. Außerdem hat man starke Verbündete.

Bevor wir uns ihnen, den Verbündeten, zuwenden, ist es erforderlich, das Augenmerk noch einmal auf die Besonderheiten des Kulturkampfs zu richten. Weiter oben haben wir gesehen, daß der Vergleich des Genderns mit Methoden der Nazis oder der Kommunisten in die Irre geht. Untauglich ist auch die Anrufung von Orwells „1984". Kein Großer Bruder verlangt, das generische Maskulinum dem Vergessen anheimzugeben. Kein Gesetz verpflichtet, den Genderstern zu setzen. Kein Intendant verdonnert seine Redakteure dazu, auf Sendung den Stimmritzenverschlußlaut alias Glottisschlag zu üben.

Dünn sind die Linien, die den Kulturkampf von heute mit der 68er-Revolte verbinden. Gewiß, als Avantgarde verstanden sich auch die Studenten, die in den späten sechziger und in den siebziger Jahren den Professoren unter die Talare griffen und gegen den Vietnam-Krieg demonstrierten. Aber da endet die Ähnlichkeit. Die 68er waren diskussionswütig bis zum Overkill. Sie besaßen Führungsfiguren. Sie suchten die Öffentlichkeit. Sie formierten sich als SDS, SHB oder Spartakus und kämpften um Mehrheiten, z.B. bei Asta-Wahlen. Wenn zur Demokratie gehört, daß jeder Bürger wissen kann, wer schuld ist, war in der Studentenrevolte ein Gran Demokratie durchaus vorhanden. Davon kann bei der Gender-Bewegung nicht die Rede sein. Es gibt keine Sprecher, niemand zeichnet verantwortlich, nichts geschieht öffentlich, der Kampf um die Sprache wird unterirdisch geführt. Die entscheidende Rolle spielen Netzwerke.

Sich austauschen, Interessen bündeln, Aktionen verabreden: Das war auch die Methode des klassischen Feminismus. Doch immer gehörte der Wille dazu, Mehrheiten zu gewinnen, am besten auf parlamentarischem Weg. So wurde das Frauenwahlrecht erstritten, so eroberte das scheinbar schwache Geschlecht Position für Position. Es war ein mühsamer Weg, gespickt mit Hindernissen und Demütigungen. Die Bundesrepublik war bereits zwölf Jahre alt, als mit Elisabeth Schwarzhaupt (CDU) die erste Frau an die Spitze eines Bundesministeriums berufen wurde. 1972 erfolgte der nächste Schritt: Die Sozialdemokratin Annemarie Renger wurde zur Präsidentin des Deutschen Bundestags gewählt. Drei Jahre vorher, 1969, hatte Renger noch unter dem Slogan ihrer Partei wahlkämpfen müssen: „Wir haben die besseren Männer." War die Frauenbewegung bis dahin bemüht gewesen, die rechtliche Stellung der Frauen in Familie und Arbeitswelt zu verbessern (z.B. Kampf gegen Leichtlohngruppen), wurde das Zielspektrum von nun an breiter und die Gangart entschiedener. Sich beschweren genügte nicht mehr, man wollte Taten sehen. Auf einem Kongreß des Sozialistischen Deutschen Studentenbunds (SDS) feuerte eine Vertreterin des „Aktionsrats zur Befreiung der Frau" Tomaten in Richtung Vorstandstisch, ein Protest gegen die SDS-Männer, die nach Ansicht des Aktionsrats die ganze Welt umstülpen wollten, die Diskriminierung der Frauen aber vollständig ausblendeten. Der Tomatenwurf war der Startschuß für einen neuen feministischen Aktionismus und der Beginn einer beispiellosen Erfolgsgeschichte.

1971 bekannten, angestiftet von der Journalistin Alice Schwarzer, in der Zeitschrift „Stern" 374 Frauen, abgetrieben zu haben. Das Thema Abschaffung des Abtreibungsparagraphen 218 stand nun auf der Tagesordnung. Frauenzentren wurden eröffnet. 1977 erschien erstmals die Zeitschrift „Emma", das Kampforgan des Feminismus, ein Jahr später kam die grün-feministische „Tageszeitung" auf den Markt. Frauenthemen bewegten jetzt auch die Gesetzgebung. Das Abtreibungsrecht wurde reformiert. Abgeschafft wurde die sogenannte Hausfrauenehe, die die Frau verpflichtete, für ihren Mann den Haushalt zu führen. Im Scheidungsrecht wurde das Schuldprinzip gestrichen – lauter Indizien dafür, daß der Feminismus Zeitgeistqualität erreicht hatte.

Die Hilfstruppen des Genderns

Die Gender-Bewegung (wie die übrigen Zweige linker Identitätspolitik) operiert nicht in den Parlamenten. Sie ist am Prozeß des demokratischen Aushandelns desinteressiert. „Identitätspolitiker streben nicht nach Inklusion in den Mainstream, sondern nach der Anerkennung von Unterschieden", urteilt der Philosoph Francis Fukuyama.[76] Stattdessen vertraut die Bewegung auf die Steuerung über Netzwerke. Ihre wichtigsten Hilfstruppen findet sie an Hochschulen, in der öffentlichen Verwaltung und in den Leitmedien.

Der erste deutsche „Frauenlehrstuhl" wurde 1987 an der Frankfurter Goethe-Universität eingerichtet und mit der Soziologin und Juristin Ute Gerhard besetzt. Zehn Jahre später erhielten die Gender-Studies, die interdisziplinär Wechselwirkungen zwischen Geschlecht und Gesellschaft untersuchen wollen, akademischen Status. Dank breiter politischer Förderung wurde das Fach zum Shooting-Star am universitären Firmament. Voller Stolz meldete

2019 die Bundesregierung, bei zu diesem Zeitpunkt 217 Professuren mit einer Voll- oder Teilzeitdenomination habe „Frauen- und Geschlechterforschung/Gender Studies" die ultimative Verankerung in der Wissenslandschaft errungen.[77] An Zahl hat das junge Fach alteingesessene Disziplinen wie Pharmazie oder Zahnmedizin weit abgehängt. Die Altphilologie kann an den deutschen Hochschulen noch nicht einmal mit der Hälfte der Lehrstühle aufwarten. In der Förderpolitik von Bund und Ländern besitzt der Feminismus eine zuverlässige und solvente Stütze. Der Bund sponserte unter der Überschrift „Frauen an die Spitze" über hundert Projekte mit 37 Millionen Euro. Ein „Professorinnenprogramm" für Professuren mit dem Schwerpunkt Gender ließen sich Bund und Länder eine Million Euro kosten.[78]

Die staunenswerte Vermehrung der Gender-Lehrstühle stößt nicht überall auf Begeisterung. Dabei spielt sicher auch Ressourcen-Neid eine Rolle. Beklagt wird eine Politisierung des Fachs. In akademischen Mode-Disziplinen herrsche immer die Gefahr, daß wissenschaftliche Standards zu kurz kämen, meint der Berliner Politikwissenschaftler Herfried Münkler. „Intellektuell schwächere Leute haben natürlich die starke Neigung, in solche Fächer zu gehen und dort Glaubensstärke zu beweisen."[79] Weit davon entfernt, die Gender-Studies generell infrage zu stellen, sieht er sie in der Gefahr, zu Zellen des politischen Aktivismus zu werden. Münklers Sorgen sind nicht abstrakter Natur. Vor ein paar Jahren war er, als Student Jungsozialist, Mobbing-Ziel anonymer linker Studenten, die ihm u.a. Rassismus und Sexismus vorwarfen.

Für die Gender-Studies gilt, was für alle akademischen Emporkömmlinge gilt. Die Lehrstuhlinhaber müssen beweisen, daß sie nicht über Orchideen forschen. Sie verwenden einen großen Teil ihrer Arbeit darauf, ihr Fach und damit auch die eigene akademische Existenz zu rechtfertigen und bilden ein sich selbst erhaltendes System. Außerordentlich wichtig ist die Pflege der „Communities". Gender-Lehrstühle interagieren mit Gruppen und Einrichtungen, die ihrerseits im Bereich der Frauenförderung oder im Umkreis von LGTBQIA+ tätig sind. Ein Beispiel ist die „AG Feministisch Sprachhandeln" der Humboldt-Universität zu Berlin. Sie hat einen Sprachführer herausgegeben, der Studenten anleitet, sich ohne einzufädeln durch den Slalom „queerer" Ansprüche zu bewegen. In dem Sprachführer wird aus Lehrer Lehra, aus Doktor Doktox. Das Bildungsmagazin „News4techers" zitiert einen Beispielsatz: „Unsa Lautsprecha ist permanent auf Demos unterwegs. Ea erfreut sich hoher Beliebtheit." AG-Mitglied ist Lann Hornscheidt, Wissenschaftlerin am Zentrum für transdisziplinäre Geschlechterstudien. Hornscheidt hat sich einen Namen dadurch gemacht, daß sie als Bezeichnung für Professoren den Zungenbrecher Professx vorschlug. Ihre Vorliebe für das inklusive Endungs-x begründete sie im Interview mit der genannten Zeitschrift wie folgt. Frühere Sprachexperimente hätten sich damit begnügt, die Frauen sichtbarer zu machen. Hornscheidt: „Das X soll einen Schritt weitergehen und Geschlechts-Vorstellungen durchkreuzen, auch bildlich."[80]

Über 200 Gender-Professuren in Deutschland stellen einen nicht zu unterschätzenden Einflußfaktor dar. An diesen Lehrstühlen wird geforscht und gelehrt. Vieles hat Wert und verdient Respekt. Man darf jedoch nicht übersehen, daß sie der Gender-Bewegung als Transmissionsriemen dienen. In der Netzwerkstrategie der Bewegung sind sie Relaisstationen.

Beamtete Unterstützer

Eine ähnliche Rolle wie die Geschlechterforscher an den Hochschulen nehmen im Bereich der öffentlichen Verwaltung die Gleichstellungsbüros ein. Sie sind Brückenköpfe beim Vormarsch des Neusprechs. Nach dem Bundesgleichstellungsgesetz (BGleiG) muß in jeder Dienststelle mit mehr als 100 Beschäftigten eine

Gleichstellungsbeauftragte durch einen Wahlakt bestellt werden, an dem nur weibliche Mitarbeiter teilnehmen dürfen. Die Regelungen in den Ländern sind unterschiedlich. Die nordrhein-westfälische Kommunalverfassung von 1994 schreibt Gemeinden mit mehr als 10 000 Einwohnern sowie allen Landkreisen die Beschäftigung von hauptamtlichen Gleichstellungsbeauftragten vor. Dachverband ist die Bundesarbeitsgemeinschaft kommunaler Frauenbüros und Gleichstellungsbeauftragter. Sie vertritt 1 900 Mitglieder; einmal pro Jahr verleiht sie einer besonders geschlechtersensiblen Kommune den „Gender-Award".

Was Kommunalverwaltungen und Hochschulbürokratie miteinander verbindet: Beide sind den rauen Winden des Marktes nicht ausgesetzt. Lancieren sie Maßnahmen, die beim Publikum nicht ankommen, nimmt ihr Budget keinen Schaden. Wie soll ein Bürger seinen Ärger über Amtsschreiben, in denen es von verwirrenden Strichen und Sternchen wimmelt, abreagieren? Beschwert er sich, handelt er sich vielleicht zusätzlichen Ärger ein oder wird mit Stehsatz abgefertigt. Verwaltungen lassen sich ungern von Unwissenden belehren. Die folgende Episode ist fiktiv: In der Verwaltung einer beliebigen Stadt arbeitet eine Mitarbeiterin schon viele Jahre im Tiefbauamt, ihre spezielle Expertise hat sie auf dem Gebiet der Kanalreinigung. Generell ist sie zufrieden mit ihrer Tätigkeit, sie wünscht sich aber manchmal eine neue Herausforderung. Der Zufall fügt es, daß gerade die Stelle der Gleichstellungsbeauftragten neu zu besetzen ist. Sie bewirbt sich, und weil sie bei den Mitarbeitern beliebt ist und ein „wokes" Image hat, setzt sie sich durch. Ein paar Monate später wird sie beauftragt, zusammen mit ihren Kollegen aus der Abteilung Diversität einen Leitfaden für geschlechtersensible Sprache zu entwickeln. Wie gesagt, die Geschichte ist ausgedacht, aber sie könnte sich durchaus so oder so ähnlich ereignet haben. Der Sachverhalt wäre dann dieser: Für die Aufgabe der Sprachpflege, die in Frankreich seit 400 Jahren die Académie Française wahrnimmt, ist in der deutschen X-Stadt eine ehemalige Mitarbeiterin des Tiefbauamts und Fachfrau für Kanalarbeiten zuständig. Etwas weniger drastisch fragt Professor Olaf Hackstein, Sprachwissenschaftler an der Ludwig-Maximilians-Universität München: „Haben staatliche Institutionen wie Ministerien, Behörden, Universitäten oder Stadtverwaltungen die Aufgabe oder das Recht, Grammatik zu verändern? Die Antwort lautet nein."[81] Hier läuft offenkundig etwas schief. Eine Verwaltungsbehörde, die Wörter erfindet, die Regeln und Konventionen der Sprache außer Kraft setzt, ist in frivoler Weise anmaßend. Eine demokratische Öffentlichkeit, die das hinnimmt, versagt der Muttersprache den Respekt. Es fragt sich, was schlimmer ist.

Viele Städte sind dabei, Leitfäden für gendergerechte Sprache zu entwickeln, einige wie Berlin, Hannover, Dortmund oder Köln haben vorgelegt. Beamte und Angestellte sollen lernen, „fair" zu kommunizieren, untereinander und natürlich auch mit ihren Kunden. Dahinter steht eine fürsorgliche Absicht. Die Verwaltung übernimmt das Sprach-Patronat über die Bürger, denen sie Unmündigkeit und das bräsige Verharren auf einer unteren Stufe des Bewußtseins bescheinigt. Bei der Komposition der Leitfäden dürfen die Gleichstellungsbehörden ihre Kreativität beweisen oder auf beispielhafte Vorlagen zurückgreifen. Vielfältige Anregungen gibt der bereits erwähnte Ratgeber des Duden-Verlags „Richtig gendern". Eine Fundgrube ist „Geschickt Gendern", ein regelrechtes Wörterbuch, das im Internet zu finden ist. Ein Streifzug durch das lexikalische Werk weckt allerdings den Verdacht, das Wort „geschickt" könne unbemerkt einen Bedeutungswandel erlebt haben. Schon beim Buchstaben A stockt einem der Atem. Da werden Autoren zu „Urheberrechtsinhabenden", Alltagshelden zu „Zivilcourage leistenden Personen" und Augenzeugen zu „Beobachtenden". Als Ersatz für den Arzneimittel-Refrain „Fragen Sie Ihren Arzt oder Apotheker" empfiehlt das Wörterbuch „Holen Sie sich ärztlichen oder pharmazeutischen Rat". Wer sich im Alphabet weiter vorarbeitet, runzelt die Stirn, etwa bei der Übersetzung von jungfräulich („unerforscht", „unbearbeitet", „ursprünglich"), oder wenn er liest, daß geschickt gegendert wird, wenn man das Wort Koch durch „leitende Küchenfachkraft" ersetzt.

Wer will, kann zurückgreifen auf die Mutter aller Gender-Ratgeber. Bei „Die Töchter Egalias" handelt es sich eigentlich um einen Roman, der aus dem Jahr 1977 stammt und in dem die norwegische Autorin G. Brantenberg ausschließlich weibliche Bezeichnungen verwendet. Bei der Übertragung des Egalitanischen ins Deutsche mußte sich die Übersetzerin ordentlich ins Zeug legen. Hier einige Stilblüten: Mensch heißt egalitanisch „die Wibsche", menschlich „wibschlich", herrschen wird zu „frauschen", patriotisch ist „matriotisch", Luzifer ist „Luzia", und die Redensart „den Weg wie seine Westentasche kennen" wird bei Egalias Töchtern zu „den Weg wie ihre Kitteltasche kennen." Man möchte meinen, es handle sich um Auszüge aus einer Büttenrede mit dem Ziel, das Gendern lächerlich zu machen. Sie finden sich jedoch abgedruckt in einem Aufsatz Luise F. Puschs, die Brantenbergs „Die Töchter Egalias" einen „Meilenstein des Feminismus" nennt.[82]

Derartige Bizarrheiten hat der „Leitfaden für eine wertschätzende Kommunikation bei der Stadt Köln" nicht zu bieten. Dafür öffnet der aufwändig gemachte digitale Ratgeber das ganze Panorama feministischer und „queerer" Positionen. Die Belegschaft wird aufgeklärt, welche non-binären Geschlechter es gibt und daß Geschlecht nichts mit Biologie zu tun hat, sondern eine Zuschreibung ist. Die Kollegen werden belehrt, klischeehafte Redensarten wie „Not am Mann" oder „Milchmädchenrechnung" zu vermeiden. Empfohlen wird schließlich, bei gegebenem Anlaß „allen muslimischen Kolleg*innen einen frohen Ramadan" zu wünschen. Manches in dem Leitfaden, der sich über anspruchsvolle 54 Seiten hinzieht, ist bedenkenswert und dürfte von den Mitarbeitern bereits praktiziert werden. Anderes ist gestelzt und doktrinär. Nicht jedem Mitarbeiter wird einleuchten, weshalb „niemand" und „jeder" Tabuwörter sind und in Amtsschreiben durch „keiner" und „alle" ersetzt werden sollten. Im Vorwort des Leitfadens erklärt die Gleichstellungsbeauftragte, die Stadt Köln sei im Sinne wertschätzender

Kommunikation „dazu aufgefordert, geschlechterumfassende Formulierungen oder, wenn dies nicht möglich ist, den Genderstern anwenden." Offen bleibt, wer die Stadt dazu aufgefordert hat, die Bürger waren es jedenfalls nicht, und sicher war es auch nicht der Rat für deutsche Rechtschreibung. Gisela Zifonum ist angst und bange um die deutsche Sprache. „Mir ist nicht wohl dabei, wenn Formulieren, vor allem schriftliches Formulieren, zu einem Slalom um ‚verbotene' oder nicht angeratene Ausdrucksformen wird. Was hier als kreative neue Wege verkauft wird, sind über weite Strecken krampfhafte Vermeidungsstrategien. So werden wir unsere Sprache mit all ihren Schwächen und (vielleicht) Ungerechtigkeiten endgültig zu lieben verlernen."[83]

Gender-Spreader Nr. 1: Der Rundfunk

Nicht jeder bewegt sich auf dem Campus, und Post vom Amt hat man glücklicherweise nur dann und wann im Briefkasten. Fernsehen und Radio wird dagegen täglich konsumiert. Trotz Internet sind die beiden Massenmedien immer noch für die meisten ständige Begleiter. Zu reden ist in unserem Zusammenhang hauptsächlich von den Angeboten des Öffentlich-Rechtlichen Rundfunks. Wie dort gesprochen wird, hat Wirkung – werbende oder abschreckende. Die Beobachtung zeigt, daß in allen Programmen und Programmsparten von ARD, ZDF und Deutschlandradio gegendert wird; mal mehr, mal weniger; mal so, mal so. Das Gendern macht, cum grano salis, die Wiedererkennbarkeit der Öffentlich-Rechtlichen aus.

Die Zeitungen fahren einen anderen Kurs, sieht man einmal von der „taz" ab, deren Kundschaft es wohl als Verrat ansähe, würde das Blatt auf die gendersensible Zeichensprache verzichten. Bei „FAZ", „Süddeutsche Zeitung" oder „Welt" wird im Großen und Ganzen nicht gegendert. „Die Zeit" hat Gendersternchen auch im Online-Angebot ausgeschlossen, weil, wie Textchefin Meike Dülffer erklärt, „unsere Texte unleserlich würden und wir Leserinnen abschrecken könnten, weil sie sich erzogen fühlen".[84] Ausschlaggebend für die unterschiedliche Praxis dürfte sein, daß Zeitungen, wenn sie Abonnenten verärgern, Abbestellungen und Einnahmeverluste befürchten müssen. Bei den Öffentlich-Rechtlichen besteht diese Gefahr dank der Gebührenfinanzierung nicht. Natürlich ist ihnen am Wohlwollen der Kundschaft gelegen. Zumutungen werden jedoch nicht wirklich bestraft. Sie bewegen sich in einer mehr oder weniger risikofreien Zone, was sie mit Universitäten und Stadtverwaltungen verbindet, den beiden anderen Treibern des Genderns.

Erkundigt man sich bei den Anstalten, wie und warum in den Programmen gegendert werde, erhält man drei Standardantworten:

Erstens: Sprache verändert sich.
Zweitens: Es gibt keinen Gender-Zwang.
Drittens: Die Redaktionen entscheiden selbst.

Nehmen wir die computergenerierte Auskunft des ZDF. Auf dem Mainzer Lerchenberg taten sich in einem frühen Stadium namhafte Moderatorinnen und Moderatoren wie Petra Gerster und Claus Kleber als Verfechter einer „wertschätzenden Kommunikation" hervor. Ihre Vorarbeit trug der größten Fernsehanstalt Europas den Ruf ein, gendermäßig den ÖRR-Verbund anzuführen.

„Das ZDF", bescheidet die Anstalt Anfragen, „hat sich das Ziel gesetzt, diskriminierungsfrei zu kommunizieren. Die Gesamtheit unserer Zuschauer*innen soll sich im Programm angesprochen und wertschätzend behandelt fühlen. In der schriftlichen Kommunikation verwenden wir deshalb den Genderstern. Einige Moderator*innen und Korrespondent*innen verwenden gendersensible Sprache gelegentlich auch in ihren Moderationen und Beiträgen, indem sie eine kleine Pause zwischen dem Wortstamm und der weiblichen Endung machen". Eine Vorgabe seitens der Anstaltsleitung existiere nicht, wird versichert. „Die Redaktion entscheidet nach interner Diskussion, welche Form der Ansprache für das jeweilige Format am besten geeignet ist."[85]

Sprache verändert sich. Die Aussage stellt den Einfall des Neusprechs auf eine Stufe mit dem natürlichen Wachstum einer Pflanze und gaukelt eine Harmlosigkeit vor, die man den Intendanten gerechterweise nicht unterstellen sollte. Natürlich wissen die Vorstände des ÖRR, daß man sich beim Gendern nicht in der Botanik befindet, sondern auf dem Kriegspfad. Unsere Sprache *wird* gerade verändert. Sie ist der Hauptverbandsplatz eines bellikosen Vorgangs, in dem die Anstalten Kombattanten der ersten Reihe sind.

Es gibt keinen Gender-Zwang. Das Verbuchen des Genderns als „normale Sprachentwicklung" stellt eine Verschleierung dar. Es ist ja wahr, daß die „gerechte" Sprache nirgendwo per ordre de mufti eingeführt wurde. Kein Intendant hat angewiesen, aus Gästen Gäst*innen zu machen und das Wort Mütter durch „Gebärende" und „entbindende Personen"[86] zu ersetzen. Die Hierarchien sind von der Entwicklung überrollt worden. War sie überhaupt zu verhindern? Es hätte Mut dazu gehört und eine Konfliktbereitschaft, die auf den Kommandobrücken der Anstalten nicht zur Grundausstattung gehört. Man hat Einsickern lassen, sich für unzuständig erklärt und hätte doch wissen müssen, daß für die Untätigkeit ein hoher Preis zu zahlen ist.

Wie die Nutzer öffentlich-rechtlicher Fernseh- und Hörfunkprogramme das Gendern kommentieren, läßt sich nur vermuten. Daß Zahlen über das Pro und Contra nicht veröffentlicht werden, wird seine Gründe haben. Die Moderatorin Petra Gerster, deren Pionierarbeit in Sachen Gendern unbestritten ist, äußerte, ein Proteststurm sei über sie hereingebrochen, als sie 2020 in der ZDF-Nachrichtensendung „Heute" erstmals das gesprochene Gendersternchen gewagt habe. Am ersten Tag danach seien 60 Zuschriften bei ihr eingegangen, alle negativ. Überwiegend „alte weiße Männer" hätten sich beschwert. Die „alten weißen Männer" kommen in der feministischen Erzählung auf jeder Seite vor, mal sind sie das Böse schlechthin, mal einfach nur mitleiderregend wie die Spartaner, die an den Thermopylen mit törichtem Heldenmut kämpften, den sicheren Untergang vor Augen. Sie werden immer dann aus der Requisitenkammer hervorgeholt, wenn Genderaktivisten erklären müssen, weshalb ihr Projekt nicht schneller vorankommt. Ein Blick in ZDF-eigene Untersuchungen würde lehren, daß dem Siegeszug des Neusprechs nicht bloß ein verlorener Haufen abgelebter Greise entgegensteht, sondern auch die Mehrheit der Frauen, die mit dem Geschenk des Genderns nichts anfangen kann.

„Jeder Jeck ist anders"

Apropos „alte weiße Männer". Es verbindet die meisten öffentlich-rechtlichen Programme, daß sie ihren Nutzerschwerpunkt in den höheren Alterskohorten haben. Er liegt bei über 60 Jahren. Das war schon immer so, und die demographische Entwicklung dürfte die Richtung noch verstärken. Ältere Menschen kommen mit dem Sprachumbau am wenigsten zurecht. Wer setzt sich im letzten Drittel seines Lebens schon gern einer Umerziehungsmaßnahme aus? Umso unbegreiflicher ist die Sprachpolitik der Anstalten. Öffentlich-Rechtlicher Rundfunk „must be loved and used", verlangt der Generaldirektor der BBC, Tim Davie. Gut möglich, daß das Gendern den Programmverantwortlichen ein paar Punkte in der Diversity-Tabelle bringt. Die Stammkundschaft, die jeder vernünftige Anbieter pflegen sollte, wird vertrieben. Sie foltert man Tag für Tag. Peter Voß, einstmals Intendant des SWR, sieht Selbstdemontage am Werk. Für ihn steht fest, daß der ÖRR durch das Gendern „einen Keil zwischen sich und seine Nutzer treibt. Aber diese Gefahr dürfte die Gesinnungstäter wie auch die Opportunisten, die diese Tendenz zu verantworten haben, kaum umstimmen".[87]

Kommen wir zur dritten Standardantwort: *Die Redaktionen entscheiden selbst.* Der Satz klingt nach „mehr Demokratie wagen" und kommt auch deshalb gut an, weil Freispiele im Redaktionsalltag eher selten sind. Die Formatierung hat auch in den elektronischen Medien im Lauf der Zeit zugenommen. Strenge Designvorschriften zügeln den Individualismus. Musikfarben werden festgeschrieben. Der Moderationsstil wird standardisiert. Jahr für Jahr fließen beachtliche Summen in die Festigung der „Corporate Identity", also die Einheitlichkeit der Außendarstellung. Da verblüfft es schon zu erfahren, daß ausgerechnet im redaktionellen Kerngeschäft, dem Umgang mit der Sprache, jeder können soll wie er will.

Und so hören sich die Sendungen an. Es kommt vor, daß in ein und demselben Beitrag oder in einer einzigen Nachrichtensendung sämtliche Formen des Genderns durchdekliniert werden: der Stimmritzenverschlußlaut (Glottisschlag), der den Asterisk ersetzen soll und den nicht alle beherrschen; das neutralisierende Partizip I oder die Paarform. Dabei steht gerade die Paarform, wie oben dargestellt, unter Beschuß der „Queer"-Partei, und niemand kann vorhersagen, wie lange man noch als Zuschauer der 20-Uhr-„Tagesschau" mit „Guten Abend, meine Damen und Herren" begrüßt werden wird. Es kommt vor, daß ein Moderator, der die Monotonie der Beidnennung beklagt, von Vorgesetzten zu mehr Kreativität ermuntert wird. Manchem Text merkt man an, daß er aus Gründen der Schadensbegrenzung beinahe künstlerisch durchkomponiert ist. In Aufzählungssätzen ist der Wechsel Frau/Mann – zuerst sagt man Sportlerinnen, dann Schauspieler – eine einstudierte Sprechfigur wie der doppelte Toeloop beim Eiskunstlaufen. Geläufig ist auch der Wechsel von generischem Maskulinum zum neutralisierenden Partizip (Schüler und Studierende). Oder man läßt sein Stück mit (a) der Paarform (Expertinnen und Experten) beginnen, geht dann über zu (b) dem Partizip I, um (c) beim Femininum inklusive Knacklaut zu landen. Beliebt ist das „Symbolische Gendern". Der Beitrag wird durch einmalige Beidnennung (Ministerpräsidentinnen und Ministerpräsidenten) eröffnet und gleitet dann über in den angenehmen Fluß der Standardsprache. Man hat guten Willen gezeigt und das Verhunzen des Textes auf ein Minimum reduziert.

Der Regenbogenschirm der Vielfalt läßt sich über vielerlei spannen: über Geschlecht und Hautfarbe, auch über die sich auflösende Sprache. 2020 machte sich der „Hart aber fair"-Moderator Frank Plasberg vom WDR über die gendernde Kollegin Anne Will lustig, was ihm einen argen Shitstorm eintrug. Darauf äußerte sich WDR-Sprecher Lars Jakob im Stil rheinischer Duldsamkeit: „Ganz genderneutral sagt man in Kölle: Jeder Jeck ist anders. Die eine Moderatorin spricht den Gender-Gap mit, der andere Moderator verzichtet darauf."[88] Darf im ÖRR also wirklich jeder Jeck wie er möchte? Ganz so ist das nun doch nicht: Als der genannte Frank Plasberg 2015 eine Sendung unter dem Titel „Nieder mit dem Ampelmännchen – Deutschland im Gender-Wahn" machte, wurde sie nach Protesten für ein halbes Jahr aus der Mediathek verbannt.

Die Akrobaten des Glottisschlags

Jede Idee, die zur Ideologie geronnen ist, gebiert unerwünschte Nebenwirkungen. Die „symbolische Methode" kann denen, die es ernst meinen mit der „geschlechtergerechten" Sprache, nicht gefallen. Sie überzieht die reine Lehre mit dem häßlichen Ausschlag der Berechnung. Viele machen beim Gendern mit, nur um nicht anzuecken. Sie werfen ein Signalwort hin und hoffen, damit davonzukommen und sich weitere Ergebenheitsadressen sparen zu können. Für das Gendern ist das der Offenbarungseid. Vom Anspruch, die Marginalisierten zu heben, bleibt kaum etwas übrig. Der Neusprech ist wichtig für die Kollegen, eine Vorzeigesprache, die man beendet wie man ein unbequemes Kleidungsstück ablegt, sobald man sich nicht mehr beobachtet fühlt. Die Journalisten Petra Gerster und Christian Nürnberger, die in ihrem Buch die „Sichtbarmachung" von Frauen und Trans-Leuten als *das* große Desiderat der Gerechtigkeit plakatieren, gestehen beiläufig, im Privaten eher selten zu gendern.[89] Frommsein nur sonntags: Unüberhörbar kräht der Hahn des Opportunismus.

Das Publikum hat das Nachsehen. Ganz oben auf der Gesetzestafel guter journalistischer Arbeit steht der Satz: Meide alles, was die Aufmerksamkeit vom Kern der Information abzieht. Das Fernsehen tut sich in diesem Punkt naturgemäß schwer. Das Bild lenkt ab. Man schaut auf das Dekolletee der Nachrichtensprecherin und auf die Krawatte ihres Kollegen. Deshalb bleiben bei Fernsehzuschauern in der Regel weniger Einzelheiten der Information hängen als bei den Hörern von Radionachrichten. Der Ablenkungseffekt wird durch das Gendern verstärkt, wo er, wie im Fernsehen, systembedingt vorhanden ist, und nachgeholt, wo er nichts zu suchen hat, wie im bilderlosen Radio. Wichtig ist an der Nachricht nicht mehr allein der Inhalt, wichtig ist auch die Verpackung. Wird gegendert oder wird nicht gegendert? In welcher Form wird gegendert? Eine irritierende Wort- oder Satzkonstruktion, und schon verläuft sich die Aufmerksamkeit auf ein Nebengleis. Wörter à la „Gäst:innen" knirschen wie Sand zwischen den Zähnen. Und dann der Glottisschlag. Er sei jedesmal „wie ein kleines Schlagloch beim Radfahren", formulierte kürzlich ein Hörer anschaulich.[90] Der Redakteur, der sich so viel Mühe gemacht hat mit dem Abfassen seines Textes, tut sich einen Tort an. Ungewollt fabriziert er durch sein Gendern einen Abschaltimpuls. Eigeninteresse sollte ihn klüger machen. Bei der „Süddeutschen" verzichtet man laut Chefredakteurin Judith Wittwer auf den Asterisk, weil dieser nach Lesermeinung „den Blick auf die Sprache über die Dinge statt auf die Dinge selbst" lenke.[91]

Wie viel kann man einer Sprache zumuten? Die Frage scheint ausgerechnet diejenigen, deren Profession das Schreiben und Sprechen ist, kaum zu beschäftigen. Journalistenverbände sind mit markigen Stellungnahmen rasch bei der Hand. Sie äußern sich zu Einschränkungen der Pressefreiheit in fernen Ländern und zur Selbstbedienungsmentalität in ARD-Anstalten. Nur die Verunkrautung der Sprache ist für sie kein Thema. Großes Schweigen herrscht auch auf den Intendantenetagen. Die Öffentlich-Rechtlichen stehen schon seit einiger Zeit mit dem Rücken zur Wand. Der Druck, das Privileg der Gebührenfinanzierung zu rechtfertigen, ist groß. Wozu die viele Unterhaltung und die teuren Sportübertragungen? Entlastung suchen die Verantwortlichen, indem sie sich dem Zeitgeist anschmiegen und hinter der Fahne der „Diversity" hermarschieren. Aber ist der Bildungsauftrag des Öffentlich-Rechtlichen Rundfunks erfüllt, wenn Diskussionsrunden und Moderationsrollen paritätisch nach Geschlecht und Hautfarbe besetzt sind? Der Gedanke, daß dieser Auftrag auch die Pflege der Sprache meinen könnte, kommt weder in Jubiläumsreden der Intendanten vor noch im Medienstaatsvertrag, der immerhin 65 Paragraphen umfaßt.

Losgetreten wurde das Gendern im ÖRR 2020. Schon vorher konnte man hier und da „Lehrerinnen und Lehrer" hören, und auch das Partizip I ließ sich vereinzelt vernehmen. Der Rubikon wurde mit dem gesprochenen Sternchen überschritten. Im Fernsehen tauchte es erstmals in Nachrichtensendungen des ZDF auf. Im Hörfunk hatte der rbb (Rundfunk Berlin-Brandenburg) mit seinem Programm „Fritz" die Nase vorn. Die Chefin von „Fritz", Karin Schmied, rechtfertigte die Einführung des Knacklautes so: „Wir wollen unsere Haltung zeigen für Vielfalt, Gleichberechtigung, Offenheit und Toleranz." Seither, seit 2020, surfen mehr oder weniger alle Programme des ÖRR auf der Genderwelle.

Die Passage von alt nach neu erfolgte in erstaunlicher Rasanz. Normalerweise fällt in den Anstalten der Hammer ganz oben, sonst bewegt sich nichts. In diesem Fall sproß das Neue aus dem

Wurzelwerk der Redaktionen. Natürlich wurde intern diskutiert, aber nur über Details. Nirgendwo kam es zu einem Aufbegehren gegen das Gendern an sich. Die Suche nach der unsichtbar lenkenden Hand muß also beim journalistischen Personal beginnen. Wie ticken Journalisten? Wer sich mit dieser Frage befaßt, begibt sich auf dünnes Eis. Mit Pauschalurteilen landet man stracks im All der Verschwörungstheorien, wo bekanntlich der Verstand dispensiert ist. Es gibt weder *die* Journalisten noch *die* Medien – was Gemeinsamkeiten und Trends nicht ausschließt.

In den Redaktionen: Tugendwächter und Mitläufer

In seinem Buch „Ein falsches Wort" schreibt der „Spiegel"-Redakteur René Pfister: „Ich kenne kein treffenderes Klischee als das von Journalisten, die tendenziell eher links von der Mitte stehen."[92] Links von der Mitte stand die Mehrheit schon in den siebziger und achtziger Jahren. Im Kollegium der Bonner Parlamentskorrespondenten war ein offenes Geheimnis, daß die meisten Kollegen (Kolleginnen waren damals so selten wie echte Edelsteine) ihr Kreuzchen hinter der SPD machten. Wissenschaftlich wurde das nie erhärtet, aber das Gegenteil hätte keiner geglaubt. Später dann verlor die SPD ihre Pole-Position an die Grünen. Wie der Soziologe Markus Klein in einer Langzeitstudie feststellte, schafften die Grünen den Sprung von „frustrierten akademischen Plebejern" hinein ins „gesellschaftliche Patriziat". Die Anhänger der Aufsteiger massierten sich nach Kleins Erhebungen in „sinnproduzierenden Berufen", nicht zuletzt im Journalismus.[93] 2006 fand der Publizistikwissenschaftler Siegfried Weischenberg durch eine Befragung heraus, daß ein Drittel der deutschen Journalisten sich als Naheste-her der Öko-Partei bekannte (35,5 Prozent), 26 Prozent outeten sich als Anhänger der SPD, 8,7 Prozent neigten der CDU zu.[94] Eine Enquête der FU Berlin (2010) bestätigte Weischenbergs Befund. Ein Drittel der befragten Politik-Journalisten hielte gleichen Abstand zu den Parteien, 26,9 Prozent waren grün-affin, auf SPD und CDU entfielen 15,5 bzw. 9 Prozent.[95] Für Aufsehen sorgte 2020 eine Befragung unter Volontären von ARD und Deutschlandradio. Danach wollten 57 Prozent der Volontäre grün wählen, 23 Prozent Die Linke und knapp 5 Prozent die CDU.[96] Der Publizist Gabor Steingart prophezeite daraufhin den Öffentlich-Rechtlichen eine „Verengung des schon vorher Verengten".

Aus der Nähe zu den Grünen zu folgern, die Mehrheit der Journalisten würde der Öko-Partei durch dick und dünn folgen, wäre irrig. Die Tuchfühlung vieler, vor allem junger Journalisten, macht sich bemerkbar auf der Ebene der Einstellungen und der Hierarchisierung von Themen. In den Redaktionen herrscht ein Grundton, der „weiche" und moralisch aufgeladene Sujets wie Migration, Klima oder Datenschutz favorisiert. Die mittlerweile häufig zu hörende Ansicht, unter Angela Merkel und der Großen Koalition seien die Bundeswehr vernachlässigt, die Risiken von Energieabhängigkeit ausgeblendet und Putin verharmlost worden, ist in der Sache zutreffend. Richtig ist aber auch, daß vor der „Zeitenwende" des 24. Februar 2022 „harte" Themen wie diese in den meisten Redaktionen niemanden interessierten und man lieber Reporter an die Abbruchkante des Hambacher Forstes schickte als in die Ostukraine. Von dieser grünen Grundeinstellung kann ein zur Gerechtigkeitsfrage aufgeblähtes Projekt wie das Gendern nur profitieren. Eingeschlichen in das journalistische Berufsverständnis hat sich zudem ein missionarischer Zug, der der grünen Politikperformanz eigentümlich ist. Haltung wird nun auch in Berichten und Nachrichten vorgezeigt, d.h. dort, wo nichts als Sachlichkeit geboten ist. Zur Schau gestellte Subjektivität (vulgo: Bekennerdrang) untergräbt die Tugend der Distanziertheit. Lassen wir die Programmchefin von „Fritz" noch einmal erklären, weshalb man sich in ihrem Haus für das Gendern mit Asterisk entschieden hat: „Wir wollen unsere

Haltung zeigen für Vielfalt, Gleichberechtigung, Offenheit und Toleranz." Es ist diese pastorale Geste, die beim Publikum als zu viel Penetranz und zu wenig Dezenz ankommt und mißfällt.

Die Kommunion von journalistischem Personal und grünem Denken erklärt das rasante Voranschreiten des Genderns in den Funkhäusern nicht erschöpfend. Eine Portion Rätsel bleibt. In den Redaktionen ist der Kreis der Aktivisten ohne Zweifel begrenzt. Für die Mehrheit dürfte wie überall sonst die sprachliche „Sichtbarmachung" von Frauen und Trans-Menschen nicht an der Spitze der Dringlichkeiten stehen. Manchen ist das Gendern lästig. Sie laufen trotzdem mit und versuchen, die Fesseln zu lockern, zum Beispiel durch das „symbolische Gendern". Gefragt, wieso er in einer gefühlten Sendeminute sechsmal die Paarform (Politikerinnen und Politiker, Ministerpräsidentinnen und Ministerpräsidenten etc.) verwendet habe, antwortete ein Redakteur dem Autor: „Ich habe das getan, um Schlimmeres zu vermeiden." Er meinte damit den Glottisschlag.

Sich querzulegen zum Grundton der Gruppe erfordert Mut. Journalisten sind weniger mutig als sie meinen. Im Selbstbild des Berufsstands ist der Journalist ein kompromißloser Einzelkämpfer, an dem jeder Versuch der Vereinnahmung wirkungslos abprallt. Journalisten lassen sich nichts vorschreiben, Sprachregelungen schon gar nicht. Die Gender-Story entlarvt das heroische Selbstbild als Mythos. Der Herdeninstinkt ist im Journalismus genauso anzutreffen wie im akademischen Bereich. Über den schreibt Susanne Schröter, Professorin für Ethnologie an der Universität Frankfurt: „Auch hier gibt es eine Kultur der Unterwerfung und des Stillschweigens. Wer etwas werden will in bestimmten Fächern, muß mit den Wölfen heulen und ansonsten besser seinen Mund halten." Schröter erklärt das Ausgreifen identitätspolitischer Vorstellungen an den Hochschulen mit den prekären Arbeitsverhältnissen des wissenschaftlichen Nachwuchses.[97] Prekär sind in den Rundfunkanstalten die Arbeitsverhältnisse der zahlreichen freien Mitarbeiter. Die Freien liefern einen Großteil der Programmbeiträge. Sie müssen von ihren Honoraren leben und können es sich nicht leisten, die Erwartungen ihrer Auftraggeber – das sind die Redaktionen – zu ignorieren. Mildernde Umstände wie die Freien können die festangestellten Redakteure nicht für sich beanspruchen. Trotzdem spüren auch sie den Konformitätsdruck. Die Intendanten mögen unbeirrt verkünden, niemand werde zum Gendern gezwungen. Aber die Eiferer sind nicht für ihre Nachsicht bekannt. Man begegnet ihnen Tag für Tag und möchte seinen Frieden haben. Konfrontation hält nicht jeder aus. Vielleicht möchte man ja auch noch etwas werden. Und so stellt sich ein, was die Professorin Schröter an den Universitäten beobachtet. Man heult mit den Wölfen oder hält ganz einfach den Mund.

Schließen wir das Kapitel Öffentlich-Rechtlicher Rundfunk. Es ist aus zwei Gründen lang geworden. Erstens, weil die öffentlich-rechtlichen Programme für unsere offene Gesellschaft ein großes Kapital darstellen, das nicht durch hausgemachte Fehler verschleudert werden sollte. Zweitens, weil der ÖRR bei der Verbreitung des Genderns Hauptakteur ist. Wer liest schon die Traktate von Judith Butler oder Luise F. Pusch? Die reichweitenstarken Programme des ÖRR verfügen noch immer über viel Renommee. Es gilt etwas, wie dort gesprochen wird. Sie sollten ihr „Schulzen-Privileg"[98] nicht zum Schaden der guten Sprache mißbrauchen.

Identitätspolitik und Apartheid

Wir haben im bisherigen Verlauf den rechten Strang der Identitätspolitik stiefmütterlich behandelt und werden uns an diese Linie halten. Die AfD als rechtsidentitäre Partei kämpft gegen Migration und Globalisierung. Sie behauptet, beides schade den Interessen des deutschen Volkes, die in allen Belangen Vorfahrt haben sollten. Eine Überlegenheit des deutschen Volkes behauptet die AfD nicht unbedingt. Ihre Weltordnungsidee sei die einer Apartheid nach der Losung „ein Land, ein (biologisch) reines Volk", urteilt Thomas Meyer.[99] Laut Meyer denken auch linke Identitäre in Apartheids-Kategorien. Im Blick haben sie nicht Völker, sondern Gruppen, die ihrem Verständnis nach unterprivilegiert sind: Farbige, Frauen, Schwule, Lesben und weitere sexuelle Denominationen. Im Unterschied zur klassischen Linken geht es linken Identitätspolitikern nicht vorrangig um materielle Umverteilung. Ihr Kampf ist kein Klassenkampf arm gegen reich; sie führen einen Kulturkampf, der Wiedergutmachung erzwingen will.

Beide Spielarten wirken, so unterschiedlich sie sind, fragmentierend. Sie setzen Gruppeninteressen über das Gemeinwohl und stehen konträr zu Universalismus und Liberalismus, die das Fundament der westlichen Demokratie bilden. In unserem Zusammenhang interessiert nur die linke Spielart. Sie ist gemeint, wenn vereinfachend von *der* Identitätspolitik die Rede ist. Kritiker werfen ihr vor, die Welt nach Geschlecht oder Hautfarbe aufzuteilen und die Gesellschaft in Stämme zu zergliedern. Diese Kritik kommt keineswegs nur von konservativer Seite.

Am stärksten wütet der Furor identitätspolitischen Denkens in den angelsächsischen Ländern. In den USA sind Universitäten längst nicht mehr unangefochtene Leuchttürme des freien Austauschs, wo Lehrende und Lernende im Bemühen um Wissensfortschritte vereint sind. Selbsternannte Opfergruppen reklamieren für sich „safe spaces", separate Aufenthaltsräume, in denen sie unter sich bleiben können und nicht befürchten müssen, durch falsche Ansprache verletzt oder von abweichenden Meinungen kontaminiert zu werden. In dem Land, das einmal stolz auf seine freiheitliche Tradition war, wird allen Ernstes über die Legitimität von Denk- und Sprechverboten diskutiert. Journalisten arbeiten mit der Schere im Kopf. Ein falsches Wort und der Stuhl wackelt – das kommt auch in angesehenen Zeitungen vor. Im Kalten Krieg blies der rechte Senator Joseph McCarthy zur Hatz auf alles, was kommunistisch roch. Inzwischen ist von einem neuen McCarthyismus die Rede, diesmal von links.[100] Denkmuster wie Queer-Theorie, Critical-Race-Theorie oder Social-Justice-Theorie bezeichnen Sektionen identitärer Weltsicht, die inzwischen auch in Europa Fuß fassen.

Mit dem Gendern verbindet all diese Theorien, daß sie die Gesellschaft über den Weg der Sprache verändern wollen. Sie fordern Gerechtigkeit für Frauen, Schwarze, Indianer sowie sexuelle Minderheiten und glauben, wenn man diskriminierende Wörter verbiete, sei man dem Gerechtigkeits-Ziel bereits nahe. Ihren Ansprüchen Folge zu leisten, fällt allerdings auch Menschen guten Willens schwer. Nach unserem erlernten Rechtsverständnis steht, was Recht und was Unrecht ist, im Gesetzbuch. In Deutschland regelt den Schutz vor Diskriminierung das 2006 in Kraft getretene Allgemeine Gleichbehandlungsgesetz (AGG). Es will „Benachteiligungen aus Gründen der Rasse oder wegen der ethnischen Herkunft, des Geschlechts, der Religion oder Weltanschauung, einer Behinderung, des Alters oder der sexuellen Identität ... verhindern oder beseitigen". Zu diesem Zweck stattet es schutzwürdige Personen mit konkreten Rechtsansprüchen gegen Arbeitgeber und Private aus. Die große Irritation entsteht dadurch, daß geschriebene Gesetze linke Identitätsaktivisten überhaupt nicht interessieren. Gemäß „woker" Überzeugung bedarf der Vorwurf der Diskriminierung weder der Tat noch der Tatabsicht. Vielmehr entscheidet über das, was diskriminierend ist, das Gefühl der Betroffenen.

Ein in der Literatur oft aufgeführtes Beispiel ist der Berliner Taxifahrer, dessen Äußeres darauf schließen läßt, daß nicht bereits seine Großeltern in Neukölln aufgewachsen sind. Aus welchem Land er komme, fragt ihn die Kundschaft wahrscheinlich mehr als einmal am Tag. Verständlich, wenn den Taxifahrer die Fragerei irgendwann zu nerven beginnt. Aber muß man wie „woke" Feingeister gleich in einen antirassistischen Erregungszustand fallen und behaupten, die Fahrgäste reduzierten den Taxifahrer auf ein Merkmal, nämlich sein fremdländisches Aussehen? Läge es nicht näher, die Fragen der Kunden als Zeichen des Interesses und damit des Respekts zu werten?

Die meisten Menschen haben es sich abgewöhnt, einen Schwarzen Neger zu nennen, und das ist gut so. Aber die wenigsten, die in der Vergangenheit das Wort in den Mund nahmen oder es literarisch verwendeten, haben dies in herabsetzender Absicht getan. Annalena Baerbock, Spitzenkandidatin der Grünen, tappte im Bundestagswahlkampf 2021 in die Gender-Falle, als sie das N-Wort aussprach um darzustellen, daß es an deutschen Schulen immer noch rassistisches Unterrichtsmaterial gebe. Das Aussprechen genügte, der Skandal war da, und die Grünen-Politikerin konnte sich vor dem Scheiterhaufen nur dadurch retten, daß sie sich in einem ausführlichen Tweet für ihre Unachtsamkeit entschuldigte. Beinahe gestrauchelt wäre Baerbocks Berliner Parteifreundin Bettina Jarasch. Sie hatte auf die Frage, was sie als Kind habe werden wollen, geantwortet: Indianerhäuptling.

Nichts ist so peinlich wie wenn Fromme beim Sündigen erwischt werden. Die Grünen schwingen gern die Moralkeule und geben sich als Ausbund sprachlicher Sensibilität. Seit 2015 müssen Parteitagsanträge gegendert sein, sonst werden sie nicht zugelassen. Wenn nun sogar Spitzenleute sprachliche Slalomstangen umpflügen, weil der Parcours immer schwieriger wird, sollte das zu denken geben. Stattdessen dreht sich die Schraube weiter, die Unübersichtlichkeit nimmt zu. In einem Verlag namens „&Töchter" erschien neulich ein Buch mit dem Titel „Schwarz wird großgeschrieben". Herausgeberin ist Evein Obulor, im Hauptberuf Anti-Rassismus-Trainerin und Koordinatorin der „Europäischen Städtepartnerschaft gegen Rassismus". Daß der Titel buchstäblich zu verstehen ist, erfährt man in einem „Glossar für diskriminierungssensible Sprache", das Amnesty International zusammengestellt hat. Darin findet man unter S/Schwarze Menschen den Eintrag: „Schwarze Menschen ist eine Selbstbezeichnung und beschreibt eine vom Rassismus betroffene gesellschaftliche Position. Schwarz wird großgeschrieben um zu verdeutlichen, daß es sich um ein konstruiertes Zuordnungsmuster handelt und keine ‚reelle Eigenschaft', die auf die Farbe der Haut zurückzuführen ist."[101]

Ist schwarz nun eine Farbe, und darf man Schwarzer sagen? Selbst Eingeweihte verheddern sich im sprachlichen Absurdistan. Um für mehr Durchblick zu sorgen, hat die Vereinigung „Die neuen Medienmacher*innen (NdM)" ein Wörterverzeichnis erstellt, das Suchenden als Kompaß dienen soll. Aus dem Verzeichnis erfahren sie, daß Farbiger ein Unwort ist wie das N-Wort, weil es aus der Kolonialzeit stammt und „nur eine vermeintliche Hautfarbe beschreibt". Umfänglich widmet sich das Brevier dem Themenfeld Asyl, Migration, Einwanderung, weil dort ein großes Gefahrenpotential vermutet wird. Ausrangiert werden soll das Wort Flüchtling. Empfohlen wird Geflüchtete. Zu meiden seien Metaphern wie Asylantenstrom oder Flüchtlingswelle, weil sie der „Angstmacherei" Vorschub leisteten. Fluchtmigration lautet der Ersatzvorschlag der „neuen Medienmacher*innen", eine echte Innovation.

Unwort Winnetou

Man möchte nicht glauben, daß Journalisten als Hefe des kritisch prüfenden Geistes Vorgaben eines Ratgebers für erleuchtetes Sprechen und Schreiben befolgen. Doch es muß wohl so sein. Anders wäre nicht zu erklären, daß ein vollkommen unverdächtiges Wort wie Flüchtling in Windeseile aus dem Vokabular der öffentlich-rechtlichen Fernseh- und Radioprogramme verschwindet, und zwar in ganzer Breite. Da ist in den Redaktionsstuben offenbar eine Generation tonangebend, der wichtige professionelle Instinkte abhandengekommen sind und die lieber Herde ist als bockbeinige Vielheit.

Als Rebell gilt mittlerweile, wer es wagt, Indianer zu sagen, ein Wort, das von der postkolonialen Verdachtstheorie auf den Index gesetzt wurde. Man spricht jetzt von Indigenen, die vor der verhängnisvollen Entdeckung des Christoph Columbus das heutige Nordamerika besaßen und Wald und Prärie ökologisch nachhaltig bewirtschafteten. Sprichwörtliches verfällt der damnatio memoriae. In einer Krimiserie der ARD gibt der Kommissar einem Jungen nach kurzem Zögern statt des „Indianer-Ehrenwortes" sein „Cowboy-Ehrenwort" und erspart auf diese Weise den Rothäuten – ja, was eigentlich? Adieu Winnetou-Romantik! In die Schlagzeilen geriet vor einiger Zeit der Ravensburger Verlag. In der Hoffnung auf Beifang hatten die Ravensburger parallel zum Film „Der junge Winnetou" zwei Bücher auf den Markt geworfen, die sie aber nach dem Vorwurf, kolonialistische Denkmuster zu verbreiten, eiligst aus dem Verkehr zogen. Die Verantwortlichen klagten wie gerade aus dem Umerziehungslager entlassene Uiguren sich selbst an. Nutzerreaktionen hätten sie belehrt, daß man „mit den W-Titeln die Gefühle anderer verletzt" habe. Wie? Waren die Nachfahren Sitting Bulls und Tecumsehs mit Kriegsgeschrei in Ravensburg vorstellig geworden? Hatten die Indigenen des Schwarzwalds den Verlegern mit dem Marterpfahl gedroht? Wahrscheinlicher ist, daß antikolonialistisch gestimmte Eltern aus dem Freiburger Grünen-Milieu den Tomahawk schwangen. Es braucht kein Beleidigtsein der Betroffenen, um die Beschützer der Betroffenen in einen Reinheitsrausch zu versetzen.

Schon vor der Winnetou-Affäre hatten Sprachreiniger den Kinder-Schwarm „Pippi Langstrumpf" unter die Lupe genommen. Dabei galt Pippi, das rothaarige Mädchen mit den abstehenden Zöpfen und den vielen Sommersprossen, lange Zeit als Top-Model für den emanzipierten weiblichen Nachwuchs. Sie ist mutig und stark und stemmt Pferde wie nichts. Sie wohnt in einer Villa namens „Kunterbunt", in der das kreative Chaos seine erste Adresse hat. Millionen Kinder kamen über Pippi erstmals mit dem in Berührung, was man heute als Vielfalt preist. Gipfel der Diversity ist Pippis alleinerziehender Vater, ein edler Wilder dem äußeren Anschein nach, der seine Tochter dann und wann mit dem Schiff besucht. Aber ausgerechnet dieser Vater wird zum Problem. Astrid Lindgren hatte ihn in der Originalausgabe von 1948 als „Negerkönig" bezeichnet, wie konnte sie nur! Es dauerte bis 2009, da wurde in der deutschen Neuübersetzung aus „Negerkönig" ein „Südseekönig", und alles war wieder gut.

Fürchterlicher als auf irgendeinem anderen Feld der Literatur tobt der Furor der „Erweckten" bei Jugend- und Kinderbüchern. Bei Karl May und Astrid Lindgren ziehen sich die Hypersensiblen an angeblich rassistischen Rollenbildern hoch. Bei Raoul Dahl, dem 1990 verstorbenen Kinderbuch-Klassiker („Hexen hexen", „Charlie und die Schokoladenfabrik"), muß die kindliche Phantasie vor dem Eindringen geschlechtsspezifischer Stereotype geschützt werden. So argumentierten die Verantwortlichen von „Puffin Books", einem Zweig des britischen Penguin-Verlags. In einer Neuausgabe der Dahl-Bestseller gibt es keine „fetten" Menschen mehr, sie sind jetzt „kräftig". Aus der Supermarktkassiererin wurde eine Wissenschaftlerin, aus der Sekretärin eine Businessfrau. Der Sensitivity-Waschgang trieb nicht nur eingefleischte Dahl-Fans auf die Barrikaden. Salman Rushdie, weltweit bekanntes Opfer ideologischer Raserei, empörte sich über die „absurde Zensur" durch eine „verhunzende Empfindsamkeits-Polizei". „Puffin Books" reagierte mit einem zweiten Schwächeanfall. Der Verlag bietet künftig den doppelten Raoul Dahl an. Einmal im Original, einmal in „woker" Fassung.

Wie würde eine Neuausgabe von Hitlers „Mein Kampf" den Ansprüchen des „sensitivity reading" gerecht? In der Zeitung „Die Welt" ließ Deniz Yücel, Co-Vorsitzender des Berliner PEN, seine Phantasie spielen: „Das Hauptwerk des ‚Führers', jetzt endlich ohne jeden Antisemitismus, Imperialismus und ohne dieses ganze nicht mehr zeitgemäße Rassenzeug. Der Verlag erwog zwischenzeitlich sogar, einen weniger aggressiven Titel zu wählen (‚Meine Ambition'), verzichtete jedoch aus Gründen der historischen Authentizität darauf. Garantiert diskriminierungsfrei und unbedenklich. Auf kompakten zwölf Seiten!" Auch über die Bibel machte sich Yücel Gedanken: „Um der weltanschaulichen Neutralität willen verzichtet die Neuauflage auf alles, das irgendwie mit Gott, Glauben und Religion zu tun hat. Zugleich wird auf jede exzessive Gewaltdarstellung verzichtet, die auf Teile der Leser (Kinder, Gekreuzigte) traumatisierend wirken könnte. Freuen Sie sich schon jetzt darauf, wenn es bald heißt: Es ist vollbracht! Die Geschichte von Jesus und seinen Jünger*innen jetzt inklusiv, wertneutral und kinderfreundlich."

2021 tilgten die Berliner und die Münchner Verkehrsbetriebe das Wort Schwarzfahren aus der Unternehmenskommunikation. Die Berliner begründeten den Schritt so: „Antirassistische Interessenvertretungen weisen darauf hin, daß die Farbe „schwarz" in der deutschen Sprache häufig in einem negativen/rassistischen Kontext verwendet wird. Um eine derartige Verwendung nicht weiter zu forcieren, fordert zum Beispiel die Initiative Schwarze Menschen in Deutschland (ISD), den negativen Begriff des ‚Schwarzfahrens' durch den Begriff ‚Fahren ohne Fahrschein' zu ersetzen."[102] Woher das Wort Schwarzfahren stammt, ist in der Literatur umstritten. Eine Fährte führt zum jiddischen Wort „svarths", das für Armut steht. Als Quelle infrage kommt außerdem das Rothwelsch, also die Gaunersprache. Fest steht jedenfalls, daß der rassistische Bezug von Schwarzfahren niemandem aufgefallen war, ehe die Initiative Schwarze Menschen in Deutschland Protest erhob. Die Willfährigkeit der Verkehrsbetriebe läßt fürchten, daß man ab jetzt Schwarzmarkt und Schwarzarbeit als Hochrisikowörter ansehen muß, von Schwarzwald ganz zu schweigen.

Die Mehrheit der Bevölkerung reagiert auf die Einschläge politischer Korrektheit zuerst irritiert. Man möchte verstehen und kann sich doch keinen Reim machen. Die nächste Stufe ist Gereiztheit. Man sieht nicht ein, weshalb man sich für Wörter und Ausdrucksweisen entschuldigen soll, die nie und nimmer herabwürdigend gemeint waren. Mehr als zwei Drittel der Befragten fanden es 2021 bei einer Allensbach-Umfrage vollkommen in Ordnung, von

Mohrenkopf, Negerkuß oder Zigeunerschnitzel zu sprechen.[103] Die Gewißheit, bei den meisten Mitmenschen auf taube Ohren zu stoßen, läßt die Aktivisten in ihrem jakobinischen Eifer keineswegs erlahmen. In Berlin feierten sie einen Triumph, als es ihnen nach langem Agitieren gelang, eine Umbenennung der Mohrenstraße zu erzwingen. Die Straße im Zentrum Berlins heißt jetzt Anton-Wilhelm-Amo-Straße nach einem afrikanischen Gelehrten. Einmal ins Visier genommen, war es um die Ruhe auch anderer Mohren geschehen. Unter Rechtfertigungsdruck gerieten Mohren-Apotheken, von denen es viele in Deutschland gibt und die ihren Namen der Hochachtung vor nahöstlicher Heilkunst verdanken. Heiße Diskussionen entbrannten um den Coburger Mohren, der – mit dicken Lippen und einem Ring im Ohr – im Coburger Stadtwappen verewigt ist. Mit diesem Mohren ehrt die fränkische Stadt den Heiligen Mauritius, der angeblich den Märtyrertod starb, weil er als Legionär die Anbetung des römischen Kaisers verweigerte. Die Coburger kämpften für ihr Stadtwappen, andernorts, wie in Dresden, knickte man ein. Der „Mohr mit der Smaragdstufe", eines der Spitzenexponate im Dresdner Grünen Gewölbe, figuriert online inzwischen unter „**** mit der Smaragdstufe", ein Asterisk für jeden Buchstaben des inkriminierten Wortes. Generaldirektorin der Staatlichen Kunstsammlungen Dresden ist Marion Ackermann. Unter ihrer Anleitung wurden bis jetzt mehr als hundert Objekte aus dem Fundus als rassistisch eingestuft. Behilflich bei der Tätowierung ist eine von Ackermann gegründete „Anti-Diskriminierungs-AG", in die, wie es unübertrefflich geschraubt heißt, „so viele interne Mitarbeiter*innen wie möglich einschließlich thinkers of colour eingebunden sind".[104]

Habituelle Großinquisitoren mögen ihre Berufung darin finden, in jedem Winkel nach verdecktem Rassismus zu suchen. Sie sollten wenigstens in der Lage sein, nachvollziehbare Maßstäbe zu nutzen. Ist derjenige, der in der Konditorei einen „Berliner" bestellt oder an der Wursttheke „Nürnberger" nicht ebenso strafwürdig wie einer, der einen „Mohrenkopf" verzehren möchte? Und müßte nicht jeder, der sich einen „Pariser" überzieht, gecancelt werden, schließlich bedient er das Stereotyp vom frivolen und leichtsinnigen Franzosen?

„Cancel Culture", diese rigidere und mitunter brachiale Form der Political Correctness, kann sich gegen lebende oder tote Personen richten, gegen Bauwerke und literarische Texte. Sie will eine neue Lesart des Gewesenen erzwingen, nicht mit den Mitteln des Dialogs, sondern der Abrißbirne. Die Vergangenheit auslöschen wollten schon die französischen Jakobiner. Sie enthaupteten die Heiligenfiguren an den Portalen der Kathedralen, weil sie sie an die Kumpanei der Kirche mit Thron und Aristokratie erinnerten. Sie schafften den Sonntag ab und erfanden einen neuen Kalender. Ein früher Vertreter der Cancel Culture war der preußische Feldmarschall Gerhard Leberecht von Blücher. Als seine Preußen 1815 nach der Schlacht von Waterloo in Paris einrückten, legte es Blücher darauf an, alles, was in der Seine-Metropole an Napoleon erinnerte, zu zertrümmern. Ein besonderer Dorn im Auge war ihm der Pont d'Iéna, eine Brücke, die in Erinnerung an Napoleons triumphalen Sieg über den Hohenzollern-Staat 1806 errichtet worden war. Blücher wollte die Brücke sprengen lassen. Genauso wie die Revolutionäre, die er von Herzen verabscheute, glaubte er, es lebe sich besser, wenn man die schmerzenden historischen Fakten zum Verschwinden bringe. Es bedurfte des Einschreitens von Wellington, um Blücher von seinem Tun abzubringen.

Cancel Culture war am Werk, als die Festspiele Sankt Gallen nach dem russischen Überfall auf die Ukraine Tschaikowskys Oper „Die Jungfrau von Orléans" vom Spielplan nahmen und gegen Verdis „Johanna von Orléans" austauschten. Cancel Culture holte in den USA Christoph Columbus vom Sockel, weil Menschen mit Maßstäben aus dem 21. Jahrhundert ihn für den Erfinder des Kolonialismus hielten. Die Vereinigten Staaten sind anfällig für Ausbrüche des Reinheitswahns, man denke an den Kreuzzug gegen den Alkohol oder an McCarthys paranoide Kommunistenjagd. Jetzt machen postkoloniale „Erweckte" Front gegen alles, was sie mit Sklaverei und der fortdauernden Benachteiligung von Afroamerikanern in Verbindung bringen. Dabei sind sie nicht wählerisch. Sie attackieren Denkmäler Thomas Jeffersons. Der dritte Präsident der Vereinigten Staaten war nicht aus der Zeit gefallen. Er hielt Sklaven und hatte Kinder mit einer Sklavin. Aber er war auch Mitautor der amerikanischen Unabhängigkeitserklärung, in der ein Satz steht, den Menschenrechtler bis heute zitieren: „Wir halten diese Wahrheiten für gültig, daß alle Menschen gleich erschaffen wurden, daß sie von ihrem Schöpfer mit unveräußerlichen Rechten ausgestattet wurden, worunter sind Leben, Freiheit und das Streben nach Glückseligkeit." Kürzlich forderten Studenten, eine lebensgroße Statue J. William Fulbrights, die vor der University of Arkansas in Fayetteville steht, zu fällen. Fulbright, der den Staat Arkansas 30 Jahre lang als Senator im Kongreß vertrat, setzte sich für die Aufrechterhaltung der Rassentrennung in den Südstaaten ein. Das war aber nur die eine Seite des J. William Fulbright. Nach 1945 trat er als Friedenspolitiker hervor. Mutig wandte er sich gegen den Vietnamkrieg. Für die Welt ist der Name des 1995 Verstorbenen untrennbar verbunden mit einem studentischen Austauschprogramm. Bis heute haben von diesem Programm an die 400 000 sogenannte „Fulbright-Studenten" profitiert, unter ihnen 54 Nobelpreisträger und der ehemalige UNO-Generalsekretär Boutros Boutros-Ghali. Aber das läßt die Bilderstürmer von heute kalt. Sie wollen nicht begreifen, daß Wohltäter gelegentlich auch schwache Seiten haben, daß große Philosophen Geschäftemacher sein können und daß beim homo sapiens ganz allgemein der Grauton überwiegt. In Paris beschmierten Islamisten und Antirassisten 2020 ein Voltaire-Denkmal am Sitz der Académie Française. Voltaire verdiente zeitweilig am Sklavenhandel. Umgekehrt steht sein Name für Meinungsfreiheit, eine Errungenschaft, die in dem von den Antirassisten verherrlichten Globalen Süden nahezu unbekannt ist.

Liberale ignorieren die schwarzen Flecken der Geschichte keineswegs. Für sie ist die Losung, „daß alle Menschen gleich erschaffen wurden", ein Dauerauftrag und Sisyphos ein Vorbild. Sie halten nichts davon, Widersprüche zu leugnen oder die Erinnerung wie im Reich des Großen Bruders durch ein Ministerium „Miniwahr" auszulöschen. Ihre Methode ist die, für die Gunter Demnig den künstlerischen Ausdruck gefunden hat. 1992 begann Demnig damit, aufdringlich sichtbare quadratische Messingtafeln auf Bürgersteigen vor Wohnhäusern von Juden anzubringen, Menschen die von den Nazis verschleppt und ermordet wurden. Demnigs Stolpersteine, von denen es mittlerweile 75 000 gibt, sind das Gegenteil von Cancel Culture.

Es ist ein Paradox: Noch nie durfte so frei über alles geredet werden wie heute, und dennoch wird die Meinungsfreiheit überall angefochten. An amerikanischen Universitäten werden Professoren gemobbt. Gastredner werden ausgeladen, wenn entdeckt wird, daß sich irgendwo in einer Falte ihrer Werkbiographie etwas Unkorrektes verbirgt. Angeblich geht es um den Schutz vulnerabler Minderheiten, die in Safe Spaces von schädlichen Einflüssen ferngehalten werden wie Kinder von gefährlicher Lektüre. In seinem Buch „Ein falsches Wort" berichtet der USA-Korrespondent des „Spiegel", René Pfister, über den Fall des angesehenen Wissenschaftsjournalisten der „New York Times", Donald McNeil, der linkem Gesinnungsterror zum Opfer fiel. McNeil soll 2019 bei einer Diskussion mit Schülern das N-Wort über die Lippen gekommen sein. Der Online-Dienst „The Daily Beast" berichtete darüber, prompt verfaßten 150 Mitarbeiter der NYT einen Protestbrief, und die Chefredaktion beschloß, McNeil nach 45 Dienstjahren den Laufpaß zu geben. Nicht die Leser wollten das so, auch nicht die Mehrheit der über 1 000 NYT-Mitarbeiter. Es war eine Minderheit, und die Chefredaktion ging in die Knie. Ein Jahr später protokollierte bei einer Umfrage die Hälfte der NYT-Redakteure, man könne sich im Haus der „Times" nicht mehr offen äußern.[105]

Der Fall ist deshalb erwähnenswert, weil die „New York Times" alles andere ist als ein Echoraum Donald Trumps, sondern eine Zeitung, die auf ihre Liberalität Wert legt. Er unterstreicht eine Beobachtung, die wir schon an anderer Stelle gemacht haben.

Die Verengung des Meinungskorridors erfolgt nicht per Gesetz, sondern durch gesellschaftlichen Druck. Was gesagt werden darf und was nicht, wird von militanten Minderheiten bestimmt, die allerdings im Zeitgeist eine feste Stütze haben. Ein amerikanisches Phänomen? Wie Corona kennt auch das Virus von Mobbing und Einschüchterung keine Grenzen. Für den englischen Hochschulbereich listet eine Studie der Denkfabrik Policy Exchange 50 Fälle personeller Cancel Culture, also der Ausladung von Rednern, auf. Als noch schwerwiegender beurteilten die Forscher die zu beobachtende Selbstzensur. Viele Studenten und Wissenschaftler scheuten davor zurück, „abweichende Meinungen öffentlich zu artikulieren". Vor allem beim akademischen Nachwuchs stehe die Sorge im Vordergrund, das Äußern solcher Ansichten könne die Karriere zerstören.

In Deutschland gab es Proteste gegen einen Gender-Leitfaden an der TH Nürnberg. Ein Mitarbeiter schrieb der Uni-Leitung: „Die Mehrheit lehnt diese grotesken Sprachregeln ab …, traut sich aus Angst vor sozialen Sanktionen jedoch nichts dagegen zu sagen."[106] Anfang 2023 wehrten sich in einem offenem Brief Theologen gegen die Pflicht des Genderns an Hochschulen. An manchen Unis gäbe es Punkteabzüge bei Nicht-Mitmachen. 2021 vertraten in einer Allensbach-Umfrage 80 Prozent der befragten Hochschullehrer die Auffassung, man müsse sich der Gendersprache verweigern dürfen. Jeder zweite meinte, wer sich dem Gendern widersetze, müsse mit Nachteilen rechnen.[107]

2018 ließ die Berliner Alice-Salomon-Hochschule ein Poem des Dichters Eugen Gomringer überpinseln. Es stand dort seit etlichen Jahren an der Fassade. Die acht Zeilen von Gomringers in spanischer Sprache verfaßtem Gedicht „Avenidas" lauteten auf deutsch: „Alleen/Alleen und Blumen/Blumen/Blumen und Frauen/Alleen/Alleen und Frauen/Alleen und Blumen und Frauen und ein Bewunderer." Der Asta beschwerte sich, die Hochschulleitung parierte. Was den Studenten an dem Gedicht mißfiel, war, daß es angeblich „eine klassische patriarchalische Kunsttradition" reproduziere, in der Frauen „ausschließlich die schönen Musen sind, die männliche Künstler zu kreativen Taten ermuntern".

Seit in Berlin die Ampel regiert, ist Cancel Culture auf dem Vormarsch. Unter der Regie von Annalena Baerbock wurde das „Bismarck-Zimmer" im Auswärtigen Amt in „Saal der Deutschen Einheit" umbenannt. Baerbocks grüne Parteifreundin, die Kulturstaatsministerin Claudia Roth, möchte das Attribut „preußisch" aus dem Namen der Stiftung Preußischer Kulturbesitz tilgen, weil es nicht in die Zeit passe. In die Zeit paßt eigentlich gar nichts, was früher war, wenn wir es nur aus dem Blickwinkel der Gegenwart betrachten. Aber was bleibt vom Nutzwert eines Geschichtsbuchs übrig, aus dem zuvor alles Diskussionswürdige und Ambivalente weggecancelt wurde?

Hochschullehrer riefen 2021 ein Netzwerk Wissenschaftsfreiheit ins Leben. Die Vereinigung, der u.a. der Historiker Andreas Rödder und der Rechtswissenschaftler Reinhard Merkel angehören, bietet „gecancelten" Kollegen Unterstützung an. Merkel war wegen islamkritischer Positionen öffentlich als Rassistin angeprangert worden. „Das ist eine emotionale Drohung von großem Gewicht. Man wird gecancelt als moralische Person. Davor darf man Angst haben", erklärte Merkel.[108] Das Netzwerk hat inzwischen mehr als 700 Mitglieder. In einem Manifest heißt es: „Wir beobachten, daß die verfassungsmäßig verbürgte Freiheit von Forschung und Lehre zunehmend unter moralischen und politischen Vorbehalt gestellt werden soll." Eine Dokumentation versammelt Beispielfälle, etwa den des Politikwissenschaftlers Jürgen Plöhn von der Martin-Luther-Universität Halle-Wittenberg. Bei ihm bekamen Studenten, die ihre Arbeiten in Gendersprache vorlegten, einen Malus. Plöhn wurde dafür nach 19 Jahren Lehrtätigkeit die Lehrbefugnis entzogen. Aus rechtlichen Gründen bekam er sie zwar wieder zurück, allerdings sind ihm Veranstaltungen untersagt, die den Erwerb von Credit Points anbieten.

An der Berliner Humboldt-Universität wurde nach einem Protest des Arbeitskreises kritischer Jurist*innen (akj) ein Vortrag der Biologie-Doktorandin Marie-Luise Vollbrecht zum Thema „Geschlecht ist nicht gleich Geschlecht. Sex, Gender und warum es in der Biologie nur zwei Geschlechter gibt" abgesagt. Der Referent_Innenrat (ASTA) der Universität hatte zuvor erklärt, es sei „unschwer vorherzusehen, daß Vollbrecht auch diese Gelegenheit nutzen wird, um transfeindliche Standpunkte stark zu machen". Der akj rief zu einer Demonstration „Keine Bühne für queer- und transfeindliche Ideologien an der HU" auf. Die Universitätsleitung begründete die Ausladung Vollbrechts mit zu erwartenden Ausschreitungen. Vollbrecht wurde zugesagt, sie könne ihren Vortrag zu einem späteren Zeitpunkt halten.

Ein Thema in ganz Frankreich war 2020 ein Vorfall an der Science Po Grenoble, einem politikwissenschaftlichen Institut. Er ereignete sich kurz nach dem brutalen Mord an dem Lehrer Samuel Paty durch einen Islamisten, der das ganze Land erschütterte. Ins Fadenkreuz identitätspolitisch orientierter Gruppen geriet der an der Science Po lehrende deutsche Professor Klaus Kinzler. In einer Diskussion hatte er bestritten, daß man Islamophobie mit Rassismus und Antisemitismus auf eine Stufe stellen könne. Das trug ihm Nazivergleiche und Morddrohungen ein. Man kündigte ihm das Schicksal von Samuel Paty an. Der Lehrer war auf offener Straße geköpft worden. Wochenlang stand Kinzler unter Polizeischutz. Die französische Hochschulministerin stellte sich auf seine Seite – nicht aber das Institut, an dem Kinzler 25 Jahre lang gelehrt hatte. „Ich habe gesehen, wie eine Minderheit mit gesetzwidrigen Methoden und Terror der Mehrheit ihr Gesetz aufzwingt", sagt Kinzler heute.[109]

Besonders vermint ist das LGBTQ-Gelände. Die Empfindlichkeit der Nicht-Binären hat neurotische Züge, überall wittert ihre Lobby „Mikroaggressionen". Wo sie Widerstand ausmacht, ist sie nicht zimperlich in der Wahl ihrer Mittel. Parallel dazu häufen sich Kollisionen, die mit der Hautfarbe zu tun haben. Es ist paradox: Die deutschen Grünen wollen das Wort Rasse aus allen Gesetzestexten und Vorschriften tilgen, weil es keine Rassen gebe. Es sind dieselben Grünen, in deren Vokabular der Vorwurf des Rassismus besonders häufig vorkommt und als moralischer Totschläger eingesetzt wird.

Als Väter des Antirassimus gelten Aimé Césaire und Frantz Fanon. Beide wurden auf der Insel Martinique geboren, beide verstanden sich als Sozialisten. Sie waren davon überzeugt, daß die Welt aus zwei Hälften bestehe, aus Unterdrückern und aus Unterdrückten; die Rolle der letzteren reservierten sie den Weißen. Fanons Hauptwerk „Die Verdammten dieser Erde" (1961) beeinflußte viele Intellektuelle in Europa. Jean-Paul Sartre lieferte Fanon das Vorwort. Völlig neben der Sache lagen Césaire und Fanon nicht. Der Kolonialismus war kein Hirngespinst; Europa hatte großen Anteil an seinen Scheußlichkeiten. Auch heute noch gibt es Weiße, die Afrikaner und Orientalen für Menschen zweiter Klasse halten. Richtig ist indessen auch, daß der Kampf gegen Kolonialismus und Rassentrennung im Westen stets starke Anwälte hatte. Als am 28. August 1963 an die 200 000 Demonstranten nach Washington zogen und der Baptistenprediger Martin Luther King seine Rede „Ich habe einen Traum" hielt, war ein Großteil der weißen Bevölkerung hingerissen.

King träumte von einer Welt, in der Rassen und Hautfarben keine Rolle spielten. Er vertraute auf den Weg friedlichen Wandels. Das unterschied ihn von Aktivisten wie Malcom X und von Theoretikern wie Césaire oder Fanon. Sie hatten dieses Vertrauen nicht. Sie betrieben kompromißlose Konfrontation. In ihren Konzepten bildet die Hautfarbe eine Konstante wie umgekehrt beim Ku-Klux-Klan. „Wahr ist, was die Eingeborenen schützt und die Ausländer verdirbt ... Und das Gute ist einfach, was ihnen schadet", predigte Fanon.[110] Eine Zuspitzung erfolgte durch die in den siebziger Jahren in den USA aufkommende Critical-Race-Theorie. Sie schrieb die Betriebsanleitung für eine strenge rassische Segregation. Fortan wurden Verhaltensweisen, die bisher als normal galten, skandalisiert. Erfunden wurde das Delikt „Kulturelle Aneignung". Daß Weiße sich sogenannte Dreadlocks (Strähnen verfilzter Haare) wachsen lassen, stellt für Anhänger der Critical-Race-Theorie ein schweres Vergehen dar. Dreadlocks seien ein Ausdruck kreativer schwarzer Selbstentfaltung, weshalb Weiße, die sich diese Haartracht zulegten, übergriffig handelten. Bekannt wurde der Fall Madonna. Die Sängerin hatte bei einer Hommage an die verstorbene Aretha Franklin von der Zeit erzählt, da sie sich selbst in einem Ghetto von Detroit habe durchschlagen müssen. Den Vergleich nahm man ihr übel. Schwarze Armut sei etwas ganz anderes als weiße, hielt man ihr vor. Erschwerend kam hinzu, daß Madonna bei ihrem Auftritt Dreadlocks trug. In Bern wurde eine Reggae-Band am Weiterspielen gehindert. Teile der Zuschauer hatten sich „unwohl" gefühlt, weil weiße Band-Mitglieder mit Dreadlocks auftraten. Wegen derselben Verfehlung lud die Ortsgruppe Hannover von Fridays for Future die Musikerin Ronja Maltzahn wieder aus. Nach Zeitungsberichten begründeten die Klimaaktivisten ihre Entscheidung mit dem Argument, bei Maltzahns Frisur handle es sich um „kulturelle Aneignung, da wir als weiße Menschen uns nicht ... mit dem kollektiven Trauma der Unterdrückung auseinandersetzen müssen".[111]

Kulturelle Aneignung: Unter allen Kampfbegriffen der Identitären ist dieser wohl der unsinnigste. Kultur *ist* Aneignung. Ohne die Auseinandersetzung mit dem Anderen wäre Kultur ein lebendiger Leichnam. Nach den Maßstäben der Identitären hätte Gauguin keine Südsee-Mädchen malen dürfen, Goethes West-Östlicher Diwan wäre öffentlich verbrannt worden. Und Elvis Presley? Er hätte nie die „weiße" Country-Musik mit dem „schwarzen" Rhythm & Blues zusammenbringen dürfen. Arm wären wir heute.

Die 22-jährige schwarze Lyrikerin Amanda Gorman wurde dadurch weltberühmt, daß sie bei Jo Bidens Inauguration als Präsident der Vereinigten Staaten sprechen durfte. Ein niederländischer Verlag wollte die Gunst der Stunde nutzen und Gedichte Gormans ins Niederländische übersetzen. Er beging den Fehler, für diese Aufgabe eine weiße Übersetzerin zu engagieren, die Booker-Preisträgerin Marieke Lucas Rijneveld. Eine gute Wahl eigentlich, mit einem Eklat war nicht zu rechnen. Doch dann wurden empörte

Stimmen laut. Schwarze Lyrik könne unmöglich von einer Weißen verstanden werden. Der Verlag gab klein bei und zog den Auftrag an Rijneveld zurück. Der deutsche Sprachwissenschaftler Carsten Sinner faßte sich an den Kopf. Folge man der Beweisführung, könnten nur Schwarze Bücher von Schwarzen, nur Kommunisten Bücher von Kommunisten und nur Frauenfeinde Bücher von frauenfeindlichen Autoren übersetzen.[112] Gedanken machte sich der Schauspieler Tom Hanks. Er werde unter heutigen Umständen nicht noch einmal einen Homosexuellen spielen können, weil er keiner sei, erklärte er. Ein Leserbriefschreiber malte sich aus, daß über kurz oder lang die Rolle des Hamlet allein Sprößlingen des dänischen Königshauses anvertraut werden dürfe.[113]

Rassismus als Erbsünde

Haß ist eine besonders triste Seite der Conditio Humana. Zwischen den Völkern bricht er immer dann hervor, wenn eines sich benachteiligt fühlt. In nachnapoleonischer Zeit predigte der deutsche Gelehrte Ernst Moritz Arndt den Haß auf Frankreich. Er glaubte, die staatlich zersplitterten und von Inferioritätskomplexen geplagten Deutschen würden nur in der scharfen Abgrenzung zum übermächtigen Nachbarn zur nationalen Einheit gelangen. Selbstfindung durch Haß auf das Andere ist eine fatale Rechnung. Für die Social-Race-Theorie ist das Anderssein der weißen Rasse konstitutiv. Nach Robin DiAngelo, einer einflußreichen Vertreterin des aktuellen Antirassismus, können Weiße aus ihrer Haut nicht heraus. „Eltern können ihren Kindern nicht beibringen, keine Rassisten zu sein, und können selbst gar nicht frei von Rassismus sein. Eine rassismusfreie Erziehung ist unmöglich, weil Rassismus ein in Kultur und Institutionen verankertes Gesellschaftssystem ist. In dieses System werden wir hineingeboren und haben keinen Einfluß darauf, wie es uns prägt."[114]

Es ist bestürzend zu sehen, wie bei Robin DiAngelo aus einer behaupteten antirassistischen Einstellung Rassismus pur wird. Weißsein ist eingeboren wie die Erbsünde. Selbst durch gute Taten wird man den Makel nicht los. Wir erkennen hier das Totalitäre des Rassismus. Jahrhundertelang waren Juden immer wieder Pogromen ausgesetzt. Sie wurden von Christen geschürt. Und doch war der christliche Antijudaismus qualitativ etwas anderes als der Antisemitismus der Nationalsozialisten. Aus der Religion konnte man aussteigen. Die Taufe bot die Möglichkeit, das Ghetto hinter sich zu lassen. Dagegen war die Rassenlehre der Nazis hermetisch, Entkommen unmöglich.

Neue rassistische Konstellationen versetzen das links-grüne Milieu in Verlegenheit. Wenn sich antiweiße mit offen antisemitischen Ressentiments vermischen wie zuletzt bei der Kasseler documenta, reagiert man verstört. Man hebt den Finger wie es Eltern tun, wenn ihre Kinder über die Stränge geschlagen haben. Rasch ist man bereit, Absolution zu erteilen und Exzesse als Akte nachholender Gerechtigkeit zu entschuldigen. Die totalitäre Dehnung, die im immer häufiger anzutreffenden Begriff des „Strukturellen Rassismus" steckt, wird ignoriert oder verharmlost. Struktureller Rassismus bedeutet: Man muß keine Asylantenheime anzünden, keine Migranten morden wie der NSU oder verächtlich über dunkelhäutige Menschen sprechen. Rassismus bedarf keiner Tat, Weiß-Sein genügt. Daß vor diesem Hintergrund Rassismus zum Ramschwort wird und wirklicher Rassismus gar nicht mehr benannt werden kann, scheinen die linken Identitären zu übersehen.

Nach einer Reformagenda sucht man vergeblich. Weißen Wissenschaftlern zu verbieten, über schwarze Themen zu forschen, und schwarze Übersetzerinnen besser ins Geschäft zu bringen, indem man weiße ausgrenzt, ist noch kein Programm. Aber der schrittweise Abbau von Diskriminierung war nie der Weg, den die Bewegung gehen wollte. Ihr geht es um die Anerkennung bestimmter Minderheiten als Opfer und um Wiedergutmachung. Vor diesem Metaziel schrumpfen Einwände zu Kleinkram. Man könnte beispielsweise fragen, was es den Menschen in Afrika bringt, wenn ihre Nöte stereotyp aus der Erblast des Kolonialismus hergeleitet werden. Wäre es nicht sinnvoller, an die Eigenverantwortung der Staaten zu appellieren und die Afrikaner im Kampf gegen Korruption und Ineffektivität zu unterstützen? Eltern würden ein pädagogisches Konzept, das sie anhält, ihre Kinder zu Opfern zu erziehen, wohl kaum besonders hilfreich finden. Die Lobbyisten der Identitätspolitik dagegen verkaufen ihre Opferpädagogik als den einzig wahren Fortschritt.

Risse im Opferbündnis

Der Feminismus hat sich im Lauf der Jahrzehnte verändert. Dank seiner großen Erfolge ist die Gefahr, daß er zum republikanischen Möbelstück wird, nicht von der Hand zu weisen. Keine politische Programmrede kommt ohne ein pflichtschuldiges F-Bekenntnis aus. Unternehmen und Werbewirtschaft wetteifern im Trittbrettfahren. Bundeskanzler Olaf Scholz erklärt sich zum Feministen, Bundesaußenministerin Annalena Baerbock verspricht eine feministische Außenpolitik, Oppositionsführer Friedrich Merz mutiert zum Fürsprecher einer Frauenquote.

Hat sich der Feminismus zu Tode gesiegt? Seit Frauen häufiger in Führungspositionen anzutreffen sind, nagt der Zweifel an gewissen von feministischer Seite geweckten Erwartungen. Eine Werbebotschaft lautet, Frauen seien kooperativer und deshalb die besseren Vorgesetzten. Eine andere, mehr Frauen an der Spitze machten die Politik weniger bellizistisch und aggressiv. Nun verdarben gerade Staatsfrauen in letzter Zeit dem feministischen Lager die Laune.

Lange hatte man sehnlichst gehofft, im machistischen Italien werde endlich eine Frau in die Männerwirtschaft hineingrätschen. Daß dieser Traum nun ausgerechnet durch Giorgia Meloni, Vorsitzende der postfaschistischen „Fratelli (Brüder!) d'Italia" in Erfüllung ging, will ebenso wenig ins Konzept passen wie die Rolle, die in Frankreich seit Jahren die Rechtsauslegerin Marine Le Pen spielt. In Großbritannien mußte Liz Truss nach genau sechs Wochen Amtszeit ihre Wohnung in Downing Street 10 räumen. In Deutschland brachte es Verteidigungsministerin Christine Lambrecht gerade mal auf ein gutes Jahr. Sie schied aus ihrem Amt ganz ohne trauernde Hinterbliebene. Allem Anschein nach muß man sich in der Politik vor Frauen genauso fürchten wie vor Männern.

Kritik am Feminismus kam zuletzt hauptsächlich aus den eigenen Reihen. Die Französin Caroline Fourest, lange als Vorsitzende des Schwulen- und Lesbenverbands sowie als Mitarbeiterin von „Charlie Hebdo" tätig, wirft der Frauenbewegung das Abgleiten ins Sektierertum vor: „Gestern kämpften Minderheiten gemeinsam gegen Ungleichheiten und patriarchalische Herrschaft. Heute kämpfen sie um herauszufinden, ob der Feminismus ‚weiß' oder ‚schwarz' ist."[115] In einem auch ins Deutsche übersetzten Buch hält sie dem modernen Feminismus vor, dank der Infiltration durch linke Identitäre zu einer „beleidigten Generation" geworden zu sein. In dieselbe Kerbe haut die deutsche Publizistin Sara Rukaj. Ihr Hauptvorwurf: Der Feminismus habe sich verstaatlichen lassen. Er sei „in den herrschenden Institutionen zum konformistischen Diversity-Management geschrumpft, das zunehmend auch in der öffentlichen Verwaltung, in Unternehmen, in der Werbung und in den Leitmedien propagiert wird."[116] Was Fourest die „Generation beleidigt" nennt, ist bei Rukaj „die organisierte Weinerlichkeit". In ihrem Buch „Die antiquierte Frau" schreibt sie: „Ganz allgemein ist die bundesdeutsche Regenbogenkoalition der Überzeugung, daß Frauen als hilfs- und nachhilfebedürftige Wesen noch immer nicht imstande sind, selbstbewußt mit den Tücken der bürgerlichen Gleichberechtigung umzugehen, denn: sie werden diskriminiert. Ist das Potential universeller Emanzipationsbestrebungen erst ausgeschöpft, funktioniert die Diskriminierung der Frau wie eine paranoide Erwartung, die stets Erfüllung findet, wenn nur lange genug nach ihr gesucht wird."[117]

Über die Opferrolle wird der Feminismus anschlußfähig an weitere Zweige der Identitätspolitik. Das Zauberwort heißt Intersektionalität (notabene: Olaf Scholz nennt sich ausdrücklich einen intersektionalen Feministen). War die Feminismusforschung noch bis Ende des letzten Jahrhunderts ganz allgemein auf das Patriarchat als Quelle allen Übels fixiert, ist inzwischen der *weiße* Mann der große Täter. Schwarze und Farbige, Homosexuelle und Transsexuelle, Migranten und Muslime (sofern sie in westlichen Ländern leben) lassen sich mittels der intersektionalen Theorie bequem unter dem Dach der vereinigten Opfergruppen assoziieren. Der Opferstatus ist die Rampe für Forderungen, die als Wiedergutmachung begründet werden. Beispiel Gleichstellung: Die Bevorzugung von Frauen, Schwarzen oder Farbigen in Einstellungsfragen (bei gleicher Qualifikation) wird mitnichten als umgekehrte Diskriminierung (weißer) Männer gewertet, sondern als „positive Diskriminierung", die die Schuld früherer Nichtbeachtung und beruflicher Benachteiligung begleiche. Daß Frauen in der Vergangenheit der Aufstieg im Beruf erschwert wurde und noch heute Mütter oft Klimmzüge machen müssen, um die Forderungen von Beruf und Familie auszubalancieren, ist keine feministische Erfindung. Es wäre jedoch naiv zu übersehen, daß Frauen das verbesserte Meinungsklima für Karrierezwecke zu nutzen wissen. Das gilt auch für ethnische Minderheiten. Überall dort, wo Repräsentanz sichtbar ist wie im Fernsehen, sind sie auf dem Vormarsch. Unterstützt werden sie von Diversity-Agenturen und „Opferentrepreneuren". Diese produzierten, wie die Historikerin und Soziologin Sandra Kostner urteilt, Schuldgefühle, um Frauen und Migranten durch paritätische Listen und andere Maßnahmen positiver Diskriminierung Vorteile zu verschaffen.[118]

Wie stabil das intersektionale Bündnis ist, muß sich noch erweisen. Die Konkurrenz der Opfergruppen um die vorderen Plätze im Verteilungskampf sorgt immer wieder für Ärger. Als 2021 mit Tessa (ehemals Markus) Ganserer die erste Transfrau in den Bundestag einzog, blieb Feministinnen der alten Schule die Freude darüber im Hals stecken. Die Zeitschrift „Emma" kommentierte gereizt, dadurch werde ein Frauenquotenplatz in der grünen Bundestagsfraktion von einer Person okkupiert, „die physisch und rechtlich ein Mann" sei. Der Zwist zwischen den Aufsteigern der LGBTQ-Community und den Traditionskompanien des Feminismus wird mit harten Bandagen ausgetragen. Der bereits erwähnte Schlagabtausch zwischen Joanne K. Rowling und Judith Butler führte dazu, daß die Harry-Potter-Autorin als TERF („Trans-Exclusionary Radical Feminist") stigmatisiert wurde. TERF steht im Sprachgebrauch der Trans-Leute für etwas, das noch schlimmer ist als ein herrschsüchtiger Mann, nämlich für eine Feministin, die darauf beharrt, daß Frau eine Frau ist.

Hochexplosiv sind politische Bestrebungen, Trans-Leuten den Geschlechtswechsel per Selbstidentifikation zu gestatten. In Schottland wurde Ende 2022 ein entsprechendes Gesetz verabschiedet. Schon für sich genommen ein heiß diskutiertes Thema, kochte alsbald der Volkszorn über. Anlaß war der Fall eines 31-jährigen Mannes, der der zweifachen Vergewaltigung überführt wurde, aber während des Prozesses plötzlich behauptete, eine Frau zu sein. In Übereinstimmung mit der neuen Rechtslage wurde er in ein Frauengefängnis eingewiesen, worauf sich ein von Frauenorganisationen angeführter Proteststurm erhob. Er legte sich erst, als Ministerpräsidentin Nicola Sturgeon, die zuvor die Gesetzesänderung energisch betrieben hatte, einknickte und eine andere Lösung versprach. Wenig später trat die Regierungschefin zurück.

In der berüchtigten Kölner Silvesternacht 2015 rotteten sich an die tausend junge nordafrikanische Männer zusammen und belästigten weiße Frauen, die im Schatten des Doms den Jahreswechsel feiern wollten. In den folgenden Tagen wurden 511 Strafanzeigen wegen sexueller Übergriffe gestellt, in 28 Fällen handelte es sich um den Vorwurf der Vergewaltigung. Die Kölner Silvesternacht versetzte der Multikulti-Gläubigkeit einen schweren Schlag: Opfer (Afrikaner) hatten sich an Opfern (Frauen) vergangen. Die ganze innenpolitische Migrationsdebatte geriet durcheinander. Das links-grüne Credo, wonach *jeder* Migrant ein guter Mensch ist und *jedes Mehr* an Vielfalt ein echter Gewinn, wurde aus den Angeln gerissen. Opfer können Täter sein. Für einen Moment war das sagbar geworden.

Zu den habituellen Eigentümlichkeiten des links-grünen Spektrums gehört die Neigung, einerseits Dinge unsichtbar zu machen, die alle sehen, andererseits lebhaft zu fordern, was längst gesellschaftliche Übereinkunft ist. Auch vor zwanzig Jahren, als das Patriarchat angeblich noch in voller Blüte stand, sprachen Chefs ihre Mitarbeiter „Liebe Kolleginnen und Kollegen" an, und eine Frau, die einen Bereich leitete, war für ihre Mitarbeiter die Chefin. Gewiß, Vergewaltigung in der Ehe wurde erst vor 25 Jahren und nach langen Auseinandersetzungen ein Straftatbestand, wie auch manch andere Einsichten erst wachsen mußten, beispielsweise die, daß Deutschland ein Einwanderungsland ist.

Inzwischen haben die Konservativen ihre Lektion gelernt. Trotzdem bleibt die Migration ein Aufregerthema. Wie könnte es anders sein? Einwanderung in großem Stil bedeutet für die Mehrheit im Aufnahmeland immer Stress. Zweifellos ist es gut, wenn die Führung eines Landes den Prozeß mit einer Politik der ausgestreckten Hand begleitet. Aber „Willkommenskultur" kann nicht die einzige Antwort sein. Nach der Öffnung der Grenzen 2015, die im Modus eines Dammbruchs erfolgte, versäumten es die politisch Verantwortlichen, der Bevölkerung reinen Wein einzuschenken. Lasten wurden nicht Lasten genannt, die Auswirkungen auf die sozialen Sicherungssysteme, auf Schulen, Wohnungsbau und innere Sicherheit wurden konsequent kleingeredet. Die zugeknöpfte Informationspolitik gab man als Akt politischer Umsicht aus: Man dürfe rechten Kräften keine Munition geben. Zu wünschen wäre mehr Nüchternheit. Migration ist weder an sich gut noch an sich schlecht. Sie kann notwendig sein. Ist dies der Fall, müssen alle Kräfte auf den Zusammenhalt der Gesellschaft gerichtet sein, und der verlangt ein klug ausbalanciertes Verhältnis von Mehrheit und Minderheiten. Die Verstaatlichung des Leitbilds „Diversity" dürfte in dieser Situation der falsche Weg sein.

Platons „edle Lüge": Der Gender-Pay-Gap

Der griechische Philosoph Platon war ein bedeutender Denker. In seiner „Politeia" entwarf er den Bauplan des idealen Staates. Viele Ideen, die darin eingingen, finden sich in modernen Staatstheorien wieder, so auch die von der „edlen Lüge". Nach Platon waren Philosophen, das heißt die „Woken" seiner Zeit, zur Staatslenkung berufen. Sie durften dem Volk auch mal die Unwahrheit sagen, dann nämlich, wenn diese dem Heil der Polis diente. „Edle Lügen" sind auch in der politischen Kommunikation von heute gebräuchlich. Ein Beispiel ist die Mär, Frauen und Männer würden ungleich entlohnt.

Jedes Jahr gibt das Statistische Bundesamt Zahlen über die Lohnlücke zwischen den Einkommen von Frauen und Männern heraus. Das geschieht gewöhnlich am „Equal-Pay-Day", dem 7. März. „Frauen verdienten pro Stunde weiterhin 18 Prozent weniger als Männer." So lautete die Zeile über einer Pressemitteilung, die das Amt für das Jahr 2021 herausgab. Rechtschaffende Bürger, die diese Meldung aus hoheitlicher Quelle lasen oder im Radio hörten, rauften sich die Haare. Daß ein Briefträger weniger mit nach Hause bringt als eine akademische Gender-Forscherin, geschenkt! Aber ungleicher Lohn für gleiche Arbeit? Ein Skandal!

Wer sich die Mühe macht, die sich im gleichen Duktus jedes Jahr wiederholenden Mitteilungen zu Ende zu lesen (was wahrscheinlich nur die Wenigsten tun, auch nicht alle Nachrichtenredakteure), kommt allerdings aus dem Staunen nicht heraus. Das Amt korrigiert sich nämlich selbst. In zwei Schritten enthäutet es die dramatische Überschrift, so daß von ihr nicht viel mehr bleibt als das Skelett einer Fake-News. Schritt eins: Die 18 Prozent, räumt die Mitteilung unter ferner liefen ein, markieren den sogenannten „unbereinigten Pay Gap". Dieser ergibt sich aus der Summierung der Bruttostundenverdienste Frauen/Männer, die in ein Verhältnis zueinander gesetzt werden, „ohne die ursächlichen Faktoren für den Gender-Pay-Gap zu berücksichtigen". Solche Faktoren können sein: Frauen arbeiten häufig in weniger gut bezahlten Berufen und seltener in Führungspositionen. Unter Berücksichtigung der „ursächlichen Faktoren", schrumpft die Gerechtigkeitslücke nach Angaben des Amtes schon einmal um 12 Prozent. Bleiben 6 Prozent, bleibt der „bereinigte Pay-Gap". Auch den müßte man skandalös nennen, löste er sich nicht in Luft auf. Denn, hier spricht noch immer die Behörde: „Es ist jedoch davon auszugehen, daß die Unterschiede geringer sein würden, wenn weitere Informationen über lohnrelevante Einflußfaktoren (zum Beispiel Angaben zu Erwerbsunterbrechungen aufgrund von Schwangerschaft, Geburt von Kindern oder Pflege von Angehörigen)" mit einbezogen würden, die leider nicht vorlagen.[119] Das ist bedauerlich, denn nun weiß niemand, wieviel von den 6 Prozent übrigbleibt, wahrscheinlich nichts. Der angebliche Skandal ist ein Trompe l'œil. Frauen verdienen nicht weniger, weil sie Frauen sind. Die unterschiedlichen Erwerbsbiographien kommen nicht zustande durch die Bevorzugung von Männern, sondern durch Vorgaben und Entscheidungen, die nicht im Bereich staatlicher oder tariflicher Verantwortung liegen. Die Überschrift: „Kinderlose Frauen verdienen mehr als Frauen mit Kindern" würde den Sachverhalt besser erklären als „Frauen verdienen weniger als Männer". Sie eignet sich allerdings nicht für den Geschlechterkampf.

Eine Redensart empfiehlt, nur der Statistik zu trauen, die man selbst gefälscht habe. Statistiken sind Zulieferungen für Wissen.

Selten werden Zahlen gefälscht, allerdings werden sie gelegentlich, wie im vorliegenden Fall, so komponiert, daß sie in die gewünschte Richtung weisen. Das wäre nicht weiter schlimm, würden sie von berufenen Kontrolleuren, z.B. Journalisten, auf den Prüfstand gestellt. Aber darauf kann man sich nicht verlassen. Das Meinungsklima beeinflußt den Beißreflex der Prüforgane. Bei bestimmten Themen (Beispiele: Mißbrauch in der katholischen Kirche; Polizeigewalt gegen Hausbesetzer) stehen Rechercheverbünde Gewehr bei Fuß. Ganz anders bei „Noli me tangere-Themen". In diese Kategorie fällt der „Gender-Pay-Gap". Hier erlahmt der Fleiß der Rechercheure. Nicht weil die Prüfarbeit so mühsam wäre. Es würde genügen, die Mitteilungen des Statistischen Bundesamts zu Ende zu lesen. Es müßte auffallen, daß von den Gewerkschaften in der Causa Gender-Pay-Gap nicht die Rede ist. Würde Frau wirklich schlechter bezahlt werden als Mann, hätten sie versagt. Doch offenbar verhält es sich nicht so. Logik und Erfahrung werden einfach nicht bemüht; das Ergebnis könnte dem Meinungsklima unverdaulich sein. Also bleibt die „edle Lüge" unattackiert und das wabbelige Dafürhalten gerinnt nach und nach zum Feststoff einer Tatsache: Frauen werden bei Lohn und Gehalt diskriminiert.

Diese Ansicht hat inzwischen auch das Feld des Sports erreicht. Während der für die deutsche Frauen-Fußballnationalmannschaft erfolgreich verlaufenen Europameisterschaft forderte Olaf Scholz, den wir schon als intersektionalen Feministen, nicht aber als Fußballfan kennengelernt haben, „Equal-Pay" auf dem grünen Rasen. Ein Schurke, der Böses dabei dachte. Scholz konnte sich den Ausflug erlauben. Ganze Sportredaktionen befanden sich seinerzeit in einem emanzipatorischen Erregungszustand, so daß der Kanzler Widerspruch nicht fürchten mußte. Dabei weiß man nirgendwo besser als bei ARD und ZDF, wie im Sport der Hase läuft. Es regieren die Gesetze des Marktes. Die Übertragungsrechte der Vier-Schanzen-Tournee kosten mehr als die für die deutsche Meisterschaft im Rhönradfahren. Formel 1 ist teurer als Tischtennis. Bezahlt wird Attraktivität. Ist das Publikum erst einmal so verrückt nach hinter dem Ball herrennenden Frauen wie nach hinter dem Ball herrennenden Männern, wird ungleicher Lohn kein Thema mehr sein.

Vor einiger Zeit legte die Gemeinsame Wissenschaftskonferenz (GWK) die „26. Fortschreibung des Datenmaterials (2020/2021) zu Frauen in Hochschulen und außerschulischen Forschungseinrichtungen" vor. Laut der Untersuchung hat sich die Stellung der Frauen im akademischen Bereich kontinuierlich verbessert. Der Frauenanteil an der Gesamtzahl der Studienabschlüsse liegt jetzt bei 52 Prozent, bei den Promotionen beträgt er 45 Prozent, bei den Habilitationen 35 Prozent. 26 Prozent der Professoren sind mittlerweile weiblich. Allerdings sinke der Anteil der Frauen mit jeder Qualifikations- und Karrierestufe nach Studienabschluß, hält der GWK-Bericht fest und fordert politische Gegenmaßnahmen. Welche, kann man erahnen. Im Begleittext gibt die GWK der Politik auf, „Chancengleichheit von Frauen und Männern auf struktureller Ebene noch stärker voranzutreiben und damit insbesondere die Repräsentanz von Frauen in Führungspositionen in Richtung Parität weiterzuentwickeln".[120] An diesem Satz fällt neben der formelhaften Sprache auf, daß die Begriffe Chancengleichheit und Parität synonym verwandt werden. Chancengleichheit meint, daß, wenn sie nicht existiert, Hindernisse aus dem Weg geräumt werden müssen. Das ist freiheitlich gedacht. Parität ist planwirtschaftlich und setzt ein Mengenziel, das nach Qualifikation nicht fragt. Ausgeblendet wird, was die Frauen wollen. Karriere oder Nicht-Karriere ist zu gewissen Teilen eine Frage der Wahl. Kann es sein, daß eine Frau Mutterschaft und Kindererziehung höher veranschlagt als den Aufstieg von einer C3/W2-Professur in eine C4/W3-Professur? Oder daß sie lieber Teilzeit arbeitet als akademisch durchzumarschieren? Ganz aus freien Stücken? Solchen Fragen gehen die Lobbyisten der Identitätspolitik aus dem Weg. Individuelle Entscheidungen sind jenseits ihres Horizonts. Sie sind Buchhalter der Zahlen-Egalität. Und geht die Rechnung nicht auf, verlangen sie Reparationen in Gestalt von Posten auf der Paritätsliste.

Kürzlich hat die Deutsche Forschungsgesellschaft (DFG) ihr Förderspektrum erweitert. In der Vergangenheit hatte sie Frauen in der Forschung unterstützt. Jetzt sollen „Diversitätsstandards" erfüllt werden. Die DFG-Präsidentin Katja Becker, Professorin für Biochemie, rechtfertigte den Schritt u.a. damit, die Diversitäts-Förderung in der deutschen Forschung hinke international hinterher, was „Gutachtende" immer wieder beklagt hätten. Den Vorwurf von Kritikern, die DFG wolle „Diversitätskataster" aufbauen, wies sie zurück. Sie verhehlte allerdings nicht, daß es für die DFG in der Förderpraxis demnächst nicht mehr nur auf individuelle Exzellenz ankommen werde. „Herausragende Wissenschaft", so Becker, erfordere „unter anderem ein breites Spektrum an Erfahrungen, Kompetenzen und Ideen sowie einen vielstimmigen Diskurs". Und weiter: „In diesem Sinne unterstützt die DFG die Gleichstellung der Geschlechter sowie die Vielfältigkeit in der Wissenschaft."[121] Man muß das wohl so verstehen: Das Suchprogramm „Beste Köpfe" hat für die DFG ausgedient. Es wird ersetzt oder ergänzt durch „Schwarmintelligenz" nach Geschlecht und Hautfarbe.

Die Regenbogenfahne als Nationalsymbol?

Für die freie Wirtschaft sind Stellen zur Frauenförderung (darauf läuft die Arbeit der Gleichstellungsinstanzen praktisch hinaus) gesetzlich nicht vorgeschrieben. Aber viele Unternehmen haben erkannt, daß Frauenförderung gerade in Zeiten, in denen der Arbeitskräftemangel an allen Ecken und Enden drückt, ein gutes Investment ist. Sie tun eine Menge, damit Mitarbeiterinnen Beruf und Familie besser unter einen Hut bringen können, richten Kindergärten ein, und wenn eine Frau in Führungspositionen eingerückt ist, machen sie daraus eine Werbekampagne. Bei der Mehrzahl der

DAX-Unternehmen wird in der Unternehmenskommunikation gegendert. Von cleveren Beratungsfirmen angeleitet, surfen die Unternehmen auf die Diversity-Welle. Der Anbieter FKI Diversity for success bietet seinen Kunden Vorträge und Trainings an. Eine gute Position im „Frauen Karriere Index" verschaffe ein frauenfreundliches Image und Wettbewerbsvorteile, versichert FKI-Gründerin Barbara Lutz, „Diversity macht Unternehmen nachweislich innovativer und erfolgreicher". Viele Firmen ziehen mit. Selbst Amazon, sonst eher für ein ruppiges Personalmanagement bekannt, setzt auf Vielfalt als Bringer. 2022 gab der Konzern „Inklusionsrichtlinien" für Filmproduktionen heraus: „Es sollen nur noch Schauspieler engagiert werden, deren Identität (Geschlecht, Geschlechtsidentität, Nationalität, Ethnizität, sexuelle Orientierung, Behinderung) mit den Figuren, die sie spielen, übereinstimmt." Prompt höhnte die „taz": „Die Richtlinien von Amazon Studios ... sind ein ärmlicher Versuch, Fortschritt zu demonstrieren."[122]

Wäre LGBTQIA+ das Kürzel für einen Aktienwert, würde man von einem Börsenliebling sprechen. Tatsächlich verzeichnet das Sammelbecken nicht-heterosexueller Orientierungen einen beispiellosen Höhenflug. In „woken" Stadtquartieren gehört die Regenbogenfahne zum Häuserschmuck. Fußballstadien werden in den Regenbogenfarben angestrahlt. Fußballspieler laufen mit regenbogenfarbenen Armbinden auf. Man findet die Farben der Non-Binären vor Pfarrkirchen. Sogar auf Kanzleramt und Reichstag flatterten eines Tages Regenbogenfahnen, als wäre LGBTQIA+ das Akronym für Bundesrepublik Deutschland.

Wer googelt, stößt unter Bundesministerium für Familie auf ein „Regenbogenportal". Dort gibt es Buchangebote wie „Hintenrum in die Chefetage", Untertitel „Queer Karriere machen in der Männerwirtschaft". Es gibt Ratgeber für „bisexuelle Senior_innen". Ein Leitfaden für „Lsbtiq Menschen in Haft" stellt die kühne Behauptung auf, „LSBTIQ (würden) öfter inhaftiert werden als Nicht-LSBTIQ". Dabei hätte den Verfassern einer mit dem Stempel des Ministeriums versehenen Schrift eigentlich bekannt sein müssen, daß Daten über sexuelle Einstellungen nicht erhoben werden. Kleinlaut zieht der Reader in einem Nachsatz seine Behauptung wieder zurück: „Verläßliche Zahlen aus Deutschland gibt es dazu nicht." Das unerschöpfliche „Regenbogenportal" wirbt für „Tanzsportgruppen für gleichgeschlechtliche Paare". Mehr für die häusliche Freizeit gedacht ist das Würfelspiel „GeVi-Geschlechtliche Vielfalt neu erleben!" Bedenkt man, daß die Bundesrepublik mit einem nationalen Gedenktag auskommt, dem 3. Oktober, und für die Arbeiterbewegung der 1. Mai genügt, listet Wikipedia für die LGBTQIA+Community nicht weniger als acht nationale und internationale Aktionstage auf, darunter der „Internationale Tag für trans*Sichtbarkeit" (31. März), der „Internationale Tag der nichtbinären Menschen" (14. Juli) sowie der „Coming-out-Tag" (11. Oktober).[123]

Im Nebel bewegt man sich, spürt man der Frage nach, ob der Umfang der LGBTQIA+-Gruppen dem Ausmaß ihrer Publizität entspricht. Für das Dritte Geschlecht nannte das Bundesverfassungsgericht in seinem Urteil von 2017 die Größenordnung von 160 000 Personen. Karlsruhe gab seinerzeit dem Gesetzgeber auf, im Geburtsregister neben „männlich" und „weiblich" auch den Vermerk „divers" zu erlauben. Vier Monate nach Inkrafttreten der Gesetzesänderung förderte eine Nachfrage der Wochenzeitung „Die Zeit" bei den Standesämtern der elf größten Städte in Deutschland zutage, daß zu diesem Zeitpunkt lediglich 20 Änderungsanträge gestellt worden waren. Hochgerechnet auf die Bundesebene kam das Blatt auf 150 Fälle und wunderte sich über die Zahlenangaben des Gerichts. „160 000 vermutete versus einige 100 reale Menschen, die sich dem dritten Geschlecht zuordnen: Wie ist dieser Widerspruch zu erklären? Was bedeutet das Votum des Verfassungsgerichts konkret, wenn der Kreis der Betroffenen nicht 0,2 Prozent der Bevölkerung umfaßt, sondern eher 0,002 Prozent? Und wer ist dafür verantwortlich, daß sich das biologische Phänomen der Intersexualität und die öffentliche Debatte darum so weit entkoppeln konnte? Die Antwort lautet: die oberflächliche Recherche des höchsten deutschen Gerichts, die gute Lobbyarbeit der wirklich Betroffenen sowie das weit verbreitete Unverständnis für ein extrem komplexes medizinisches Syndrom."[124]

Der Kampf von Minderheiten um Beachtung ist legitim. Gefährlich wird es dann, wenn Randgruppen die Mehrheit mimen oder von beflissenen Medien in den Mittelpunkt gerückt werden. Overkill ist immer schlecht; die Minderheiten-Lobbys sollten darauf achten, nicht zu überziehen. In einigen Kommunen wird ernsthaft erwogen, neben Damen- und Herrentoiletten eine weitere Toilette für Diverse vorzuschreiben. Der sächsischen SPD ist das noch zu defensiv. Sie forderte spezielle Mülleimer für „menstruierende Männer und menstruierende nicht-binäre Personen" in Herrentoiletten.[125] Wer in Parkhäusern Autofahrer auf Suchfahrt hat fluchen hören, weil die Behindertenparkplätze allesamt leer waren und die Frauenparkplätze beinahe, wird bezweifeln, daß eine per Gesetz eingeführte dritte Toilette für Intersexuelle in der Bevölkerung gut ankommen würde.

DFB in Katar: Turnier verloren, Kreuzzug auch

Bei den sprudelnden Vielfalts-Bekenntnissen ist im Einzelfall nicht leicht zu unterscheiden, was ernsthaftes Bemühen und was Window-dressing ist. Was führen die Bekenner im Schilde? Die gute Tat oder die gute Performance? Im November 2022 wurde die Fußball-Weltmeisterschaft der Männer in Katar angepfiffen. Die Entscheidung für den Austragungsort war vom Weltfußballverband FIFA zwölf Jahre vorher getroffen worden. Der Verdacht, daß Geld geflossen sei, konnte nicht verifiziert werden, allerdings wurde die FIFA den Verdacht auch nicht los. Im Herannahen des Turniers sah sich das Emirat Vorwürfen ausgesetzt, ausländische

Bauarbeiter würden miserabel behandelt. Hunderte, ja Tausende hätten bei der Schaffung der WM-Infrastruktur ihr Leben gelassen. Auch in diesem Punkt blieb die Beweislage uneindeutig. Ein neues Hauptthema ploppte unmittelbar vor Anpfiff auf: LGBTQ würde im Golfstaat diskriminiert. Einige europäische WM-Teilnehmer versammelten sich zum Protest. Die Kapitäne der Mannschaften sollten mit einer sogenannten „One-Love-Binde" auflaufen. Der Deutsche Fußballbund (DFB), sportlich schwächelnd, aber moralisch konkurrenzlos ehrgeizig, übernahm die Führungsrolle. Man beließ es nicht bei der widerständigen Kapitänsbinde. Den Lufthansa-Airbus, der „Die Mannschaft" in die Golfregion beförderte, ließ man LGBTQ-mäßig umlackieren. Flankenschutz kam von der Politik. Bundesinnenministerin Nancy Faeser eilte nach Katar, um vor laufenden Kameras den erstarrten Gastgebern mitzuteilen, sie dürften eigentlich gar nicht Gastgeber sein. Womöglich war die FIFA-Entscheidung wirklich ein Fehler gewesen, bloß lag sie ein dutzend Jahre zurück. In dieser Zeit hatten die Kataris mit bemerkenswerter Effizienz vorbildliche Sportarenen geschaffen, und ganz Arabien war stolz, zum ersten Mal Ausrichter des wichtigsten Weltfußballturniers zu sein.

In Deutschland hingegen wollte sich Vorfreude nicht einstellen. Flackerte sie dennoch auf, wurde sie von antidiskriminatorischen Löschzügen des öffentlich-rechtlichen Fernsehens sogleich unter Beschuß genommen. Die Sportredaktionen, sonst immer sehr nah an Verbänden und Veranstaltern, verwandelten sich in Menschenrechtstribunale. Kein Vorbericht, ohne Katar (wo zum selben Zeitpunkt die Bundesregierung um Flüssiggasspenden bettelte) als Hort der Rückständigkeit und Unterdrückung anzuprangern; keine Moderationsrunde ohne Bekenntnis zu Frauenrechten und LGTBQ-Freiheit. Statt die Fans auf ein Fußballmärchen im Winter einzustimmen, sendeten ARD und ZDF Botschaften für einen Zuschauerboykott aus. Das war nun allerdings schwer zu erklären. Denn zuvor hatten die beiden öffentlich-rechtlichen Anstalten die Übertragungsrechte für gut 200 Millionen Euro eingekauft. 200

Millionen für ein Turnier, bei dem eigentlich keiner zuschauen sollte?

Schließlich kam es, wie es kommen mußte. Als die FIFA die Stirn runzelte, war das Thema LGTBQ für den DFB vom Tisch. Die Binde blieb im Mannschaftsquartier, die Mannschaft präsentierte sich ersatzweise mit einer neckischen Geste, über die man wohl noch in Dezennien spotten wird. Die Nationalelf verlor das Spiel, der DFB sein Doppelspiel. Denn natürlich war die Verbandsspitze nicht naiv genug zu glauben, mit einem Stück Stoff lasse sich die Lage sexueller Minderheiten am Golf zum Besseren wenden. Die PR-Aktion war vielmehr einzig und allein darauf berechnet, sich in der Heimat als förderndes Mitglied der großen Vielfalts-Gemeinde darzustellen. Der Schuß ging nach hinten los. Courage ja, aber nur wenn sie nichts kostet. Deutschland kostete der antidiskriminatorische Blindflug viele Sympathien in der arabischen Welt. Man interpretierte die mißratene Demonstration als Ausdruck moralischer Überheblichkeit, für die die Deutschen bekannt seien. Entsprechend wurde das frühe Ausscheiden der DFB-Elf aus dem Turnier mit Kübeln von Häme quittiert.

Man hätte es voraussehen können. Katar ist ein autoritäres Staatswesen. Es gilt die Scharia. Frauenrechte sind eingeschränkt, Homosexualität wird für eine Krankheit gehalten. So ist die Realität in den meisten islamischen Staaten. In 22 Ländern ist Homosexualität verboten, in zehn sogar mit der Todesstrafe bedroht. Allein in der Islamischen Republik Iran sollen seit 1979 rund 4 000 Todesurteile gegen Homosexuelle vollstreckt worden sein. Das ist grauenhaft. Doch wer in Deutschland auf die Homophobie islamischer Staaten hinweist, muß aufpassen. Er riskiert, von den Lautsprechern der identitären Linken als islamophob gegeißelt zu werden.

Die mißratene One-Love-Affäre wurde hier so ausführlich wiedergegeben, weil sie exemplarisch Widersprüche und Doppelmoral der Identitätspolitik bloßlegt. Vielfalt ist Vielfalt. Man kann sie nicht predigen und gleichzeitig gegen das kulturelle Anderssein

Glaubenskriege führen, wenn es nicht paßt. Wer es ernst meint mit der Diversität, muß wissen, daß sie wie die Toleranz nicht schmerzfrei zu haben ist. Manchmal hilft ein Blick ins Neue Testament. „Wenn ihr nur die liebt, die euch lieben, welchen Lohn könnt ihr dafür erwarten?" *(Matthäus 5, 46).*

Die Einäugigkeit der Postkolonialisten

Erzählungen wie die von der Einkommensungerechtigkeit sind Aufmarschwege, über die die Identitären ihre Feldzüge organisieren. Ein Narrativ der postkolonialen Schule behandelt die Sklaverei. Die Sklaverei war vielleicht der häßlichste Fleck in der insgesamt unerfreulichen Epoche des Kolonialismus. Hunderttausende Schwarzafrikaner wurden in den Norden Amerikas und in die Karibik verschleppt. Sie lebten und arbeiteten dort unter Bedingungen, die oft genug dokumentiert worden sind. Die Sklaverei als Spezialität des weißen Mannes hinzustellen, wie dies durch die postkoloniale Theorie geschieht, ist jedoch eine geschichtswissenschaftliche Falschmeldung. Der transatlantische Sklavenhandel war ein Geschäft zwischen afrikanischen Menschenjägern und amerikanischen oder europäischen Menschenkäufern, bei dem die christliche Seefahrt für den Transport zuständig zeichnete. Im Zusammenhang mit der Restituierung der sogenannten Benin-Bronzen meldete sich eine afroamerikanische „Restitution Study Group" zu Wort und protestierte gegen die Auslieferung der 1897 von den Briten erbeuteten Bronzen an Nigeria. Das Königreich Benin habe über Jahrhunderte schwarze Menschen gejagt und am Sklavenhandel verdient. „Nigeria und das Königreich Benin haben sich nie für das Versklaven unserer Vorfahren entschuldigt. Sie zeigen keine Reue und erheben den Anspruch, Opfer zu sein."[126]

Widerhall findet der Vorwurf bei Egon Flaig, einem emeritierten Althistoriker an der Universität Rostock und ausgewiesenen Fachmann für die Geschichte der Sklaverei. Flaig vertritt die These, militärische Interventionen der Kolonialmächte im 19. Jahrhundert seien notwendig gewesen, um die Versklavungskriege im Innern Afrikas zu beenden. „Die freien Afrikaner von heute verdanken ihre Freiheit just den abolitionistischen Interventionen von Briten und Franzosen."[127] Auch wem diese These zu steil ist, wird zugeben müssen, daß die Sklavereigeschichte viele Täter kennt. Berüchtigte Sklavenhändler waren die nordafrikanischen muslimischen „Barbaresken", die jahrhundertelang die europäischen Küsten überfielen und mehr als eine Million Weiße in die Sklaverei verschleppten. Die Sultane des Osmanischen Reichs rekrutierten ihre Elitetruppen aus jungen christlichen Männern, die sie als Kinder aus den unterworfenen Staaten des Balkans geraubt hatten.[128] Griechen und Römer polsterten ihre Reiche mit Sklaven. Sklaverei begegnet uns zeitübergreifend und überall, wo Völker Völker in ihre Botmäßigkeit zwangen. Was waren die Massen vor allem osteuropäischer Zwangsarbeiter in Nazi-Deutschland anderes als Sklaven? Das vollständige Tableau interessiert die postkolonialen Aktivisten nicht; es ist ihnen unbequem. Zwischentöne stören ihre Politik, dem reichen Westen Wiedergutmachungsleistungen abzupressen. Dementsprechend verschweigen sie auch eine andere Wahrheit. Es waren nicht muslimische Staaten, die den Sklavenhandel abschafften, es waren die Europäer. 1848 wurde die Sklaverei in Frankreich verboten. Die Initiative ging von Victor Schoelcher aus, einem im elsässischen Fessenheim geborenen Abgeordneten der Nationalversammlung, dessen Gebeine in einem Ehrengrab des Pariser Panthéon ruhen. Schon vorher, 1833, hatten die Briten Sklaverei für ungesetzlich erklärt, die USA folgten 1865.

Gotteskrieger ziehen gegen den Westen

Seit der Jahrtausendwende bestimmen die Gotteskrieger des Dschihadismus die internationale Terrorszene fast im Alleingang. Fanal war der Anschlag auf die Zwillingstürme des New Yorker Welthandelszentrums am 11. September 2001. Dabei fanden 2753 Menschen den Tod. In der Folge häuften sich Attentate islamistischer Täter. Fast jedes europäische Land wurde davon heimgesucht. In Deutschland gab es die ersten Todesopfer 2011. Bei einem Anschlag auf dem Frankfurter Flughafen verloren zwei US-Amerikaner ihr Leben. In den Jahren zuvor waren geplante Anschläge u.a. auf Regionalzüge und auf den Bonner Hauptbahnhof von den Sicherheitsbehörden vereitelt worden. 2016 schlugen die Islamisten wieder zu. Zuerst wurde ein Bundespolizist am Hauptbahnhof Hannover durch eine Messerattacke verletzt, es folgten ein Sprengstoffanschlag auf ein Sikh-Gebetshaus in Essen, noch ein Sprengstoffanschlag, diesmal in Ansbach, sowie ein Angriff mit einer Axt in einem Regionalzug bei Würzburg. Der folgenreichste Anschlag auf deutschem Boden fand am 19. Dezember 2016 in Berlin statt. Der Islamist Anis Amri lenkte einen mit Baustahl beladenen Lastwagen auf einen belebten Weihnachtsmarkt am Breitscheidplatz nahe der Gedächtniskirche. 13 Menschen wurden getötet, mehr als 60 verletzt.

In Frankreich setzte der dschihadistische Terror schon in den neunziger Jahren des vergangenen Jahrhunderts ein. In vielen Fällen waren Juden das Ziel mörderischer Attacken. Das blutigste Kapitel begann 2012. In diesem Jahr erschoß ein junger Mann namens Mohamed Merah in Toulouse und Montauban sieben Menschen. Drei Jahre später, am 7. Januar 2015, erstürmten zwei in Algerien geborene Männer die Redaktionsräume der satirischen Zeitschrift „Charlie Hebdo" und töteten 12 Menschen. Die Zeitungsleute mußten sterben, weil das Blatt angeblich den Propheten Mohamed beleidigt hatte. Einen Tag später erschoß ein 32-jähriger Franzose malischer Herkunft, Ahmedi Coulibali, in Montrouge bei Paris eine Stadtpolizistin; einen weiteren Tag später tötete er in einem koscheren jüdischen Supermarkt im Osten der Stadt vier Menschen. Den Höhepunkt erreichte das Morden am 13. November desselben Jahres. Nahezu gleichzeitig verübten Anhänger des sogenannten Islamischen Staates koordinierte Angriffe auf das Stade de France, in dem gerade ein Fußballländerspiel zwischen Frankreich und Deutschland lief, auf mehrere Cafés und auf das Musiktheater „Bataclan" am Boulevard Voltaire. 1 500 Menschen folgten in dem vollbesetzten Theater einem Rockkonzert. Zehn Minuten lang feuerten die Täter mit Kalaschnikows in die Menge und warfen Granaten. 89 Menschen starben. Insgesamt belief sich die Opferbilanz des 13. November 2015 auf 130 Tote und 683 Verletzte.

In allen Gastländern, in denen die Gotteskrieger wüten, legen die verantwortlichen Politiker Wert auf die Unterscheidung zwischen den islamistischen Tätern und dem Islam, eine Unterscheidung, die nicht so einfach zu treffen ist, berufen sich die Täter doch häufig darauf, im Namen Allahs zu handeln. Islamische Religionsvertreter distanzieren sich von den Anschlägen. Sie treibt die Sorge um, die Dschihadisten könnten durch ihre Bluttaten die Mehrheitsbevölkerung gegen die Millionen friedfertiger Muslime aufbringen. Die Sorge ist berechtigt. Daß es bisher nirgendwo zu organisierten Racheakten kam, grenzt an ein Wunder und beweist die Stärke der demokratisch verfaßten Staaten, die auch im Ausnahmezustand dem „Auge um Auge" keine Chance geben.

In ihrem verdrehten Denken bauen die Dschihadisten darauf, daß sie im Paradies für ihre Taten belohnt werden. Absolution erhalten sie schon auf Erden. Gleich nach dem Anschlag auf die New Yorker Zwillingstürme zauberten linke Postkolonialisten und Antirassisten die These hervor, bei den Tätern handele es sich um bildungsferne und sozial diskriminierte Menschen, die bei etwas mehr Zuwendung durch die christlich-weißen Mehrheitsgesellschaften nie so gehandelt hätten. Dieses Narrativ, das bei Prüfung der Täterbiographien keine Bestätigung findet, hat den Stürmen immer neuer Anschläge standgehalten. Als am 16. Oktober 2020 der Lehrer Samuel Paty von einem jungen Tschetschenen auf offener Straße enthauptet wurde, stand ganz Frankreich unter Schock. In den sozialen Medien fand die barbarische Ermordung Patys viel Beifall. Soweit würden linke Identitäre nicht gehen. Aber indem sie jede islamistische Gewalttat mit der sozialen Deklassierung von Muslimen erklären, vollziehen sie eine klassische Täter-Opfer-Umkehr. Daraus folgt ein Ritual, das wir auch aus Deutschland kennen: Kaum ist die erste Empörung über die Tat abgeebbt, wird die Empörung als das eigentliche Problem dargestellt. Denn sie wecke islamfeindliche Gefühle und gehe zu Lasten einer besonders vulnerablen Gruppe. Dieser Reflex findet sich in den Medien, ebenso an der Basis der grünen Partei sowie in sozialwissenschaftlichen Universitätsinstituten, wo man lieber über die vorgebliche Marginalisierung muslimischer Minderheiten forscht als über die Bekämpfung des Terrorismus.

Der Islam wird von den linken Identitären dem Globalen Süden zugerechnet. Der Globale Süden ist eine kartographische Neuentdeckung und konfrontiert den kapitalistischen und rassistischen Westen mit einer schönen Gegenwelt. An sie zu glauben, setzt eine gehörige Portion Realitätsverweigerung voraus. Ignoriert werden Erscheinungen wie Korruption, Armut und Unfreiheit, die auf der südlichen Halbkugel besonders häufig anzutreffen sind. Auch daß der Herd vieler Kriege und Bürgerkriege im Süden liegt (Afghanistan, Syrien, Irak, Libyen, Somalia, Jemen) wird um des schönen Scheins wegen ausgeblendet. Einige dieser Konflikte lassen sich gewiß mit dem kolonialen Erbe in Verbindung bringen. Aber mindestens ebenso groß ist der Anteil, der auf Rivalitäten in der muslimischen Welt zurückgeht, zum Beispiel auf den Streit zwischen Sunniten und Schiiten.

Wie frei darf man über den Islam reden? Es ist keineswegs so, daß jede Mohamed-Karikatur eine liberale Großtat wäre. Oft wünschte man sich mehr Rücksicht auf das, was Menschen heilig ist. Aber Satire genießt Kunstfreiheit, und Kunstfreiheit gehört wie Toleranz zu unseren Werten. Diese wären wenig wert, müßten sie nicht gelegentlich auch erduldet werden. Satire darf alles, bloß nicht wählerisch sein. Genau diesen Vorwurf aber verdient sich die Linke: „Kritik an der Religion ist in linken Kreisen willkommen, wenn sie sich gegen die katholische Kirche richtet. Richtet sich die Kritik aber gegen den Islam, ist es ,Islamophobie'", bemerken Petra Gerster und Christian Nürnberger, die wir an anderer Stelle als Anwälte des Genderns kennengelernt haben.[129] Der Vorwurf der Islamophobie ist eine Allzweckwaffe. Besonders töricht ist er, wird er gegen säkulare Musliminnen gerichtet. Kritisieren diese aus feministischer Warte Kopftuchtragen, Zwangsehen, Ehrenmorde und Haßpredigten in Moscheen, hält man ihnen vor, der „falschen Seite" Wind in die Segel zu blasen. Auf diese Weise mutiert „Diversity" zur verordneten Blindheit. Um keinen Preis dürfen Vulnerable und Marginalisierte in ihren Gefühlen verletzt werden. Der Islam ist Teil des von den Identitären fabrizierten Opfer-Archipels, für den andere Maßstäbe gelten als die gewohnten. Man ist empört, wenn osteuropäische Staaten es schwierig finden, die Regenbogen-Ethik zu teilen. Über die sehr viel größeren Schwierigkeiten, denen Homosexuelle in den islamischen Staaten begegnen, reden Postkoloniale und Antirassisten dagegen nicht. Ihrem Kampf gegen den Westen muß sich alles unterordnen, auch die Wahrheit.

Vorwärts in die Vergangenheit

Unter allen Zweigen der Identitätspolitik ist die postkolonialistische Theorie die unversöhnlichste. Sie setzt die weiße Rasse kollektiv auf die Anklagebank. Und weil niemand aus seiner Rasse oder seiner Hautfarbe aussteigen kann, ist ein Ausgleich unmöglich. An vielen amerikanischen Universitäten geben die Postkolonialisten inzwischen den Ton an. Zu welchen Absonderlichkeiten das führt, ist weiter oben gezeigt worden. Weiße Künstler, die Afrofrisuren tragen, machen sich des Vergehens der kulturellen Aneignung schuldig, genau wie weiße Studenten, die in der Mensa japanisches Sushi essen. Schon die räumliche Nähe zu Weißen birgt Verletzungsgefahr. Sie kann nur durch Safe Spaces gebannt werden, wobei anscheinend niemandem auffällt, daß Safe Spaces eine umgekehrte Form der Segregation sind, gegen die schwarze Freiheitskämpfer wie Martin Luther King mit dem Einsatz ihres Lebens gekämpft haben. „Das Unsägliche des Identitären liegt in der Gnadenlosigkeit, in der die Ethnien und ihre Kulturen voneinander getrennt werden", urteilt der Kunsthistoriker Horst Bredekamp. „Wenn kein Schwarzer mehr einen Weißen spielen und wenn kein europäischer Übersetzer den Text eines Asiaten übertragen darf, wenn nur mehr Identitäten nebeneinander leben, haben die Reinheitsfanatiker gesiegt ... Damit wäre alles, was in jeder Kultur den Reiz ausmacht, ausgelöscht: Empathie für das Fremde zu entwickeln."[130]

Die Umtriebe postkolonialer Reinheitsfanatiker haben längst auf Europa übergegriffen. Für einen handfesten Schulstreit sorgte in Großbritannien das „woke" Ansinnen, die Standards des Mathematikunterrichts zu senken, weil sie angeblich Kinder mit Migrationshintergrund überfordern. Den Satz des Pythagoras hatten politische Aktivisten bisher noch nicht auf dem Schirm. Jetzt stellen sie die staubtrockene Zahlenlehre unter Ideologieverdacht. Sie behaupten, das Fach Mathematik sei eurozentristisch geprägt.[131]

Für Historiker gibt es gute Gründe, die Kolonialepoche kritisch unter die Lupe zu legen. Briten und Franzosen, Belgier und Niederländer nutzten ihre militärische und wirtschaftliche Überlegenheit, um sich Entwicklungsländer, wie wir heute sagen würden, unter den Nagel zu reißen und ihre natürlichen Ressourcen auszubeuten. Die Deutschen waren nicht besser, hatten allerdings kaum Zeit, einen bleibenden „Platz an der Sonne" zu erobern. Mit der Niederlage des Reiches im Ersten Weltkrieg war das Kapitel Kolonialismus für Deutschland zu Ende. Daß der Imperialismus kein Ruhmesblatt in der Geschichte der Europäer ist, steht außer Frage. Allerdings wäre es zu einfach, die Expansion auf den Zweck der Ausbeutung zu reduzieren. Auch Neugier und Forscherdrang spielten mit. Die französische Kolonialpolitik im ausgehenden 19. Jahrhundert wurde von einem starken zivilisatorischen Missionsgeist angetrieben. Es war kein Zufall, daß die Eroberung Tonkins im Norden des heutigen Vietnam von Ministerpräsident Jules Ferry propagiert wurde, einem Politiker, der dem linken Lager angehörte und noch heute in Frankreich als einer der Väter des laizistischen Schulwesens verehrt wird. Was die großen archäologischen Kampagnen unter europäischer Flagge betrifft: Sie waren mehr als Raubzüge. Sie retteten unschätzbare Kostbarkeiten und lehrten, daß es auch außerhalb Europas Hochkulturen gegeben hatte.

Joseph Conrad hat die Herrenmenschen-Attitüde von Kolonisatoren und Kolonialbeamten in „Herz der Finsternis" eindringlich geschildert. Sie erscheint uns Heutigen einfach nur widerwärtig. Die Frage ist allerdings, welche Nutzanwendung man aus dem Vergangenen zieht. Man erweist den Nachkommen der Unterdrückten keinen Dienst, indem man ihnen einredet, sie sollten sich in der Opferrolle einrichten. Dauerprobleme wie Korruption und Stammesfehden haben mit dem Kolonialismus relativ wenig zu tun. Um die gegenwärtigen Probleme zu lösen, müßten die Afrikaner den Blick nach vorn richten und sich auf ihre eigene Kraft besinnen. Daran ist den Postkolonialisten jedoch nicht gelegen. Die Logik ihres Kulturkampfs verlangt, die westliche Welt in der Rolle des ewigen Übeltäters festzunageln.

Sie profitieren dabei von einer rätselhaften Schuldversessenheit im linken politischen Spektrum des Westens, das heißt von der latenten Bereitschaft, die Schuld für alle Übel der Welt auf sich zu nehmen bzw. an die häßlichen Weißen zu delegieren, an die Kapitalisten, die Hedonisten und die Rassisten. Mit ihrer chronischen Bußfertigkeit ebnen sie den „Schuld- und Opferentrepreneuren" (Sandra Kostner) den Weg zum Erfolg. Wir begegnen ihr in der Frage der Sklaverei oder in der Debatte über die Raubkunst. Auch bei „MeeToo" ist die Neigung unübersehbar, sexuelle Gewalt gegen Frauen als Phänomen allein den üblichen Verdächtigen zuzuordnen, reichen weißen Männern. „Die Länder, in denen das Patriarchat die Frauen beherrscht und die Töchter zu sexuellen Sklaven macht, interessieren ‚MeeToo' nicht", bemerkt der französische Literaturwissenschaftler Éric Marty.¹³²

Die von den Postkolonialisten vorgeführte Methode, die Vergangenheit als Rohstofflager für gegenwärtige Auseinandersetzungen zu benutzen, hat etwas Beunruhigendes und Destruktives. „Memorialkämpfe" (Egon Flaig) tragen kaum zur Friedensstiftung bei. Oft lenken sie einfach nur ab von aktuellen Bedrohungen. Es sei skurril, meint Wolfgang Sander, Gesellschaftswissenschaftler an der Universität Gießen, „wenn 50 bis 100 Jahre nach Ende der europäischen Kolonialpolitik in großer Breite auch in der politischen Bildung über Ent- und Dekolonialisierung diskutiert wird, die konkreten Bedrohungen durch neokoloniale, imperiale Bestrebungen einer Großmacht in Europa selbst aber praktisch gänzlich ignoriert wurden".¹³³ Dem ist schwer zu widersprechen. Der britische Komiker John Cleese, bekannt als Mitglied der Truppe „Monty Python", meint, mit demselben Recht, mit dem afrikanische Staaten von England Buße für kolonialistische Untaten verlangten, könne England Reparationen von Italien fordern, weil es einst von Cäsar unterjocht wurde. Er hat Recht: Eine internationale Schuldenkonferenz, die bei Adam und Eva begönne, würde wohl nur herausbringen, daß jeder Gläubiger zugleich ein Schuldner ist.

Die Mär vom rassistischen Deutschland

Ist Deutschland ein rassistisches Land? Im linken Milieu ist das keine Frage. Wer versucht, der Sache auf den Grund zu gehen, stellt fest, daß die Beweislage dünn und das Bedürfnis, sie zu verbessern, nicht vorhanden ist. Ohne Zahlen läuft die Propagandamaschine am besten. Natürlich gibt es Rassisten in Deutschland. Immer wieder kommt es zu Anschlägen auf Asylantenheime und auf jüdische Einrichtungen. Mit der AfD existiert eine vor allem in Ostdeutschland starke Partei, zu deren Geschäftsmodell das Schüren von Ausländerfeindlichkeit gehört. Aber reicht das für eine Verallgemeinerung? Die mikrophongestützten Wünschelrutengänger des moralischen Abgrunds haben den Begriff Rassismus so weit entkernt, daß jeder als Täter identifiziert werden kann, der eine abweichende Meinung vertritt. Und je mehr das faktenfreie Reden über den Rassismus grassiert, desto mehr verfestigt sich der Eindruck, daß er an jeder Ecke lauert. Petra Gerster und Christian Nürnberger sprechen in ihrem Buch „Vermintes Gelände" vage von einem „allgegenwärtigen Rassismus".[134] Andere greifen zum Adjektiv strukturell, einem in der linken Szene gängigen Blähwort, das Nichtauffindbares skandalisieren soll. Wer an strukturellen Rassismus glaubt, kann sich die Recherche in der Kriminalstatistik sparen. Die Schuld ist apriorisch. Zum Rassisten wird man nicht durch Taten, sondern durch eine Tätowierung, die jedem Waschgang standhält. Nach der Social-Race-Theorie ist bereits ein Rassist, wer einer Gruppe angehört, die im Schnitt wohlhabender ist als eine nicht-weiße Gruppe. Robin DiAngelo, eine Leuchtturmwärterin dieser Theorie, macht aus ihrer Überzeugung, daß jeder Weiße ein Rassist sei, kein Hehl: „Eine weiße Identität ist inhärent rassistisch; es gibt keine weißen Menschen außerhalb des Systems weißer Dominanz."[135] Man muß also nicht rassistisch denken und handeln, um Rassist zu sein. Es genügt, weiß zu sein.

Die Mutmaßungen über eine rassistische Färbung der bundesdeutschen Gesellschaft entbehren der empirischen Grundlage. Alle zwei Jahre führt die SPD-nahe Friedrich-Ebert-Stiftung zusammen mit dem Bielefelder Institut für interdisziplinäre Konflikt- und Gewaltforschung eine Erhebung über rassistische Einstellungen durch. Das Ergebnis der Erhebung von 2021 überraschte. Die sogenannte „Mitte-Studie" ergab nämlich, daß der Anteil der Deutschen mit rassistischen Einstellungen sich in den letzten 20 Jahren fast halbiert hat – von 12,2 auf 7,2 Prozent. Kurz zuvor (2016/17) war eine repräsentative Untersuchung im Auftrag der Antidiskriminierungsstelle des Bundes zu einer ähnlichen Tendenzaussage gelangt. Bei einer Befragung von Menschen mit Migrationshintergrund, ob sie innerhalb der letzten zwei Jahre aufgrund ihrer Herkunft diskriminiert worden zu seien, antworteten nur 10 Prozent mit Ja.[136]

Untersuchungsergebnisse wie diese finden in Politik und Medien kaum Widerhall, am wenigsten bei denen, die sich als Vorkämpfer gegen den Rassismus definieren. Nun sind sie nicht die einzigen, die sich ihre Meinung ungern ausreden lassen. In ihrem Fall kommt allerdings Entscheidendes hinzu: Sie brauchen, um im Geschäft zu bleiben, den permanenten Erregungszustand. Aus dem würde die Luft entweichen wie aus einem löchrigen Fahrradschlauch, ließe man sich von beruhigenden empirischen Befunden beeinflussen. Also verschärft man den Ton und verschiebt Begriffe wie Gewalt oder Rassismus immer mehr ins Unbestimmte. Nicht der Rassismus sei allgegenwärtig; allgegenwärtig sei vielmehr das Reden über Rassismus, meint Philipp Hübl, Gastprofessor für Kulturwissenschaft an der Universität der Künste in Berlin. „Und so entdeckt man mehr, obwohl eigentlich weniger da ist."[137]

Die an sich erfreuliche Sensibilisierung für das Sujet führt dazu, daß sämtliche Antennen auf Empfang gestellt sind, was wiederum gute Voraussetzungen für eine sich selbst erfüllende Prophetie schafft. Auf allen Ebenen des Staates sind in den letzten Jahren Stabsstellen gegen Rassismus entstanden, NGOs nehmen sich des Themas an, Forschungsprojekte werden auf die Schiene gesetzt. Katajun Amipur, Professorin für Islamwissenschaft, wurde Anfang 2022 zur Rektoratsbeauftragten für Rassismuskritik an der Universität Köln ernannt. In einem Zeitungsgespräch nach den ersten Amtsmonaten konnte sie konkrete Fälle rassistischer Übergriffe in ihrem Zuständigkeitsbereich nicht benennen. Dafür wies sie mit dem Finger auf einen „unsichtbaren" Rassismus. Als Beispiel führte sie das Orientalische Seminar der Uni Köln an, das inzwischen Institut für die Sprachen und Kulturen der islamisch geprägten Welt heißt. Laut Amipur verdankt das Seminar seine Existenz Bismarcks Wunsch, mehr Wissen über die Kolonien zu erlangen. Nun liegt Bismarck seit mehr als 100 Jahren auf dem Schneckenberg von Friedrichsruh unter der Erde, Kolonien besitzt Deutschland keine mehr, und man darf annehmen, daß Bismarcks Wünsche dem heutigen Lehrpersonal des Seminars nicht mehr Befehl sind. Trotzdem läutet die Beauftragte für Rassismuskritik die Alarmglocke. „Der ehemalige Name unseres Instituts ist nur ein Beispiel dafür, wie Universitäten rassistisches Wissen und Sprache in die Gesellschaft tragen."[138] Nicht alle Hochschulen in Deutschland leisten sich eigene Posten für Rassismus-Beobachtung. An der Frankfurter Goethe-Universität erledigt die Gleichstellungsbeauftragte das antirassistische Wächteramt gleich mit. Die Sozialwissenschaftlerin Anja Wolde pflegt einen moderaten Ton. Was sie, gerichtet an Dozenten und Professoren sagt, kann einem trotzdem Angstschauer über den Rücken jagen: „Die Lehrenden müssen hinterfragen, ob ihre Inhalte diversitätssensibel sind – und wenn sie es nicht sind, müssen sie sie entsprechend verändern."[139]

Wie groß ist der Konformitätsdruck an den Universitäten? Kann es sein, daß der verstaatlichte Antirassismus am Ende schädlicher ist als der vagabundierende Rassismus? Ist es an der Zeit, vor einem Rassismus gegen Weiße zu warnen? 2020 sorgte eine Kolumne in der linksalternativen „taz" für Furore. Die Kolumnistin, eine bekennende nicht-binäre Person namens Hengameh Yaghoobifarah hatte in einem Beitrag unter dem Titel „All cops are berufsunfähig" den Standpunkt vertreten, Polizisten gehörten auf die Müllkippe, weil sie dort unter ihresgleichen seien, womit sie vermutlich Ratten meinte. Ob der Kolumnistin bewußt war, daß sie damit an die Untermenschen/Ungeziefer-Metaphorik der Nazis anknüpfte? Auf den Fluren der „taz" wurde der Beitrag kontrovers diskutiert. Die Chefredaktion ging vorsichtig auf Distanz, was ihr eine Rüge der „taz"-Geschäftsführerin einbrachte. Sie hätte sich gewünscht, erklärte Aline Lüllmann, „White Privileged People" hätten zu dem Vorgang geschwiegen.[140]

People of Colour dürfen Weiße kritisieren, warum auch nicht? Umgekehrt überlegt man besser vorher. Die Schere im Kopf arbeitet lautlos und unaufgefordert. Wie oft die zerebrale Erörterung „was passiert, wenn ich das sage oder schreibe?" stattfindet, weiß niemand. Daß Selbstzensur ein Problem mit Tendenz nach oben ist, wird kaum jemand bestreiten. Es dürften vor allem die Jüngeren, Nochnichtetablierten und Karrierebewußten sein, die auf Abstand von heiklen Themen und Thesen achten. Von einer „Epidemie der Selbstzensur" spricht die nigerianische Schriftstellerin Chimamanda Ngozi-Adichie. Viele junge Menschen wüchsen in einer Umgebung auf, die Glaubensfestigkeit gegenüber der Gruppe verlangten, und hätten deshalb Angst, Fragen zu stellen, weil es die falschen sein könnten. „Und so üben sie eine vorzügliche Form der Selbstzensur. Selbst wenn sie glauben, daß etwas wahr und richtig ist, sagen sie es nicht, weil sie es nicht sagen sollten."[141]

Wem die nötige Sensibilität fehlt, dem wird geholfen, zum Beispiel im Verlagswesen. Angloamerikanischen Vorbildern folgend, haben einige deutsche Verlage ein „sensitivity reading" eingeführt. Das sind spezielle Lektorate, die wie ein Wächterrat Autoren auf diskriminierende Wörter in ihren Texten – zum Beispiel Indianer oder Zigeunerschnitzel – aufmerksam machen sollen. Wo die Textfiltrierung an Grenzen stößt, weil es sich um Neuauflagen literarischer Werke handelt, behilft man sich mit vorgespannten „trigger warnings". Wie man Raucher vor schädlichen Wirkungen des Tabakgenusses warnt, werden Buchleser darauf aufmerksam gemacht, sie könnten bei der Lektüre über rassistische Vokabeln stolpern und sich dabei traumatisieren.

In der belletristischen Literatur und im Liedgut treffen die Reinigungskräfte auf ein weites und schwieriges Arbeitsfeld. Man stelle sich den Dichter Ampleforth vor, wie er verzweifelt versucht, Schillers „Alle Menschen werden Brüder" so herzurichten, daß das Ministerium für geschlechtersensible Sprache keinen Anstoß nimmt. Was tun mit sozialistischen Kampfliedern wie „Brüder! Zur Sonne, zur Freiheit!", was mit der revolutionären Dreieinigkeit „Égalité, Liberté, Fraternité"? Wie macht man die Liedzeile der Scorpions: „Did you ever think that we would be so close like brothers" geschlechterneutral? Muß das friderizianische Toleranzedikt, wonach „jeder nach seiner Façon" glücklich werden kann, mit einer Trigger-Warnung versehen werden? Wie wird Eugen Roths Gedichtesammlung „Der letzte Mensch" im Fall einer Neuauflage überschrieben sein? Wie lassen sich Federico Garcia Lorcas „Zigeunerromanzen" entgiften? Und wie umgehen mit Alexandras Lied „Zigeunerjunge", einem Hit des Jahres 1967? Harry Nutt, ehemaliger Feuilletonchef der „taz", hat sich darüber Gedanken gemacht. „Ich bilde mir ein", erklärte er, „daß die tief im kollektiven Unterbewußten abgelagerten Sehnsuchtslieder der Alexandra mein Verständnis von Diversität, Anders- und Vielheit geprägt haben".[142] Der Schriftstellerin Elke Heidenreich geht das Herumfleddern der Puristen generell gegen den Strich: „Ich halte ... nichts davon, daß man nachträglich alte Bücher auf das heutige angepaßte Reden und Denken frisiert. Das ist Schwachsinn, und das wird hoffentlich wieder aufhören."[143] Schon möglich, daß Heidenreich Recht behält und sich der Reinigungswahn irgendwann totläuft. Genauso gut ist denkbar, daß das „sensitivity reading" lektorierender Gutmenschen schon bald Arbeitsmarktrelevanz erreicht. Dann stünde die Jagd erst am Anfang.

Um noch einmal auf die Frage nach dem Rassismus in Deutschland zurückzukommen. Wen diese Frage beschäftigt, der sollte, statt sich in den Echokammern postkolonialer Verschwörungstheorien herumzutreiben, einfach seinen Augen trauen. Er begegnet an jeder Straßenecke Menschen, die nicht so aussehen wie „Biodeutsche". Übrigens ist die Sache mit den „Biodeutschen" nicht so bio, wie man es in der Rechten gern hätte. Die von Tacitus aufgebrachte und noch von Fichte verfochtene Annahme, bei den Germanen handele es sich um ein unvermischtes Urvolk, war noch nie besonders plausibel. Kürzlich hat ein internationales Forscherteam den Verfechtern der Reinheits-Theorie einen weiteren schweren Schlag versetzt. Sie sequenzierten die Genome der ältesten sicher datierten

Europäer, die vor 45 000 Jahren in der Bacho-Kiro-Höhle in Bulgarien lebten. Dabei stießen sie auf jede Menge Neandertaler-DNA in den Genomen. Was beweist, es ging von Anfang an sehr turbulent zu in Europa, Vermischung war die Regel.[144]

Deutschland ist unter Asylsuchenden, Kriegs- und Wirtschaftsflüchtlingen eine bevorzugte Adresse. Mit 300 bis 400 000 war der Einwanderungssaldo in den letzten Jahren stabil positiv; das heißt es kamen deutlich mehr Ausländer zu uns als Menschen auswanderten. Die meisten stammen aus afrikanischen oder vorderasiatischen Staaten. Inzwischen zählt das Statistische Bundesamt gut 21 Millionen Menschen mit Migrationshintergrund in Deutschland. Genauer gesagt: Jeder vierte Einwohner besaß bei Geburt nicht die deutsche Staatsangehörigkeit oder hatte wenigstens ein Elternteil, bei dem diese Voraussetzung nicht zutraf. Für die EU gilt: Hier hat jeder zehnte einen Migrationshintergrund. An der Südgrenze der Vereinigten Staaten drängen sich Menschenmassen aus Lateinamerika, Menschen, die viel auf sich genommen haben und die noch mehr dafür geben würden, ließe man sie hinein in das Land, in dem der Kapitalismus regiert und wo die herrschende weiße Schicht von der Erbsünde des Rassismus gezeichnet ist.

Viele Menschen, die nach Europa wollen, weil sie in ihren Heimatländern Not leiden oder einfach woanders ihr Glück machen wollen, sind islamischen Glaubens. Ihre Zahl hat in den letzten Jahren, angetrieben von den Kriegen in Afghanistan und im Irak sowie dem Bürgerkrieg in Syrien, noch einmal drastisch zugenommen. In Deutschland leben viereinhalb Millionen Muslime, in Frankreich fünf Millionen, in Österreich 700 000. Wie ist das zu erklären? Weshalb streben all diese Menschen nicht nach Rußland, nach Nordkorea oder nach Venezuela, sondern nach Deutschland und in andere europäische Länder, obwohl sie doch dort angeblich Islamophobie und Rassismus erwarten?

Hier geraten die „Woken" in einen Erklärungsnotstand. In dem steckten weiland auch die DDR-Oberen, als sie zu ihrem Schrecken mit ansehen mußten, wie ihre Bürger trotz des unaufhörlich siegenden Sozialismus ins Land des Klassenfeindes drängten. Zuerst behaupteten sie, die Westmedien köderten ihre Bürger mit märchenhaften Versprechungen. Als das nicht verfing, lag es am falschen Bewußtsein. Mit anderen Worten: Sie bescheinigten den eigenen Leuten Dummheit. Ähnlich versuchen heute die „Woken", das Unerklärliche zu erklären. Sie sagen, wer zu den Yankees wolle oder zu den Nachfahren der europäischen Kolonialisten, also freiwillig ins Verhängnis laufe, sei vom Chrisam der „Wokeness" nicht sehend gemacht.

Anfang der achtziger Jahre gab es in der Bundesrepublik einen witzigen Wahlspot, der Menschen davon abhalten sollte, den damaligen Kanzlerkandidaten der CDU/CSU, Franz Josef Strauß, zu wählen: „Nur die dümmsten Kälber/wählen ihren Schlächter selber", hieß es auf Plakaten. Was soll man dazu sagen, daß heute Millionen „dummer Kälber" zu den Schlachthöfen des weißen Mannes streben? Wäre es nicht besser, die „Woken" überprüften ihr Weltbild?

Frauenthema Frauenquote?

Ideologen machen es sich einfach und haben es doch schwer. Wenn die Kluft zwischen Seinsollen und Sein sich einfach nicht schließen will und der Zweifel beginnt, am Glauben zu nagen, müssen Ausreden herhalten oder die Gangart verschärft werden. Warum wollen so viele Frauen nicht einsehen, daß die erlernte Sprache sie diskriminiert? Und warum stürmen sie nicht mit Hurra die Männerbastionen in der Politik? Die Quote ist eine Methode, die die Frauen stärker unter Druck setzt als die Männer. Nehmen wir die politischen Parteien. Es ist ja keineswegs so, daß männerbündische Heimtücke den Ansturm interessierter Bewerberinnen abblockte. Kein Türsteher verwehrt Frauen beim Aufstellen von Kandidatenlisten den Zutritt. Das Gegenteil ist richtig: Parteipatriarchen würden Frauen mit Kußhand begrüßen, kämen sie denn in ausreichender Zahl. Aber sie kommen nicht.

Anders als die SPD und ganz anders als die Grünen hat sich die CDU/CSU lange dem Quotengedanken verweigert. Inzwischen lockert sie die Hosenträger. Über 50 Prozent der Wähler seien Frauen, aber keine einzige Landtagsfraktion und auch nicht die Bundestagsfraktion spiegele diesen Sachverhalt wider, monierte kürzlich der CDU-Parteivorsitzende Friedrich Merz. „Ist das unser Ernst, daß wir dieses Problem praktisch ausblenden?" Nun läßt sich darüber streiten, ob das Problem der Union tatsächlich im Nichterreichen einer statistischen Zielmarke besteht. Wahlanalysen zeigen, daß CDU und CSU bei der Bundestagswahl 2021 deshalb so schlecht abschnitten, weil sie von der Wählerschaft in keinem Sachbereich für hinreichend kompetent erachtet wurden. An den Frauen lag es bestimmt nicht. Mit 19,5 Prozent schnitt die CDU im weiblichen Segment sogar ein wenig besser ab als bei den Männern (18,2 Prozent). Eine echte Delle hatten die Christdemokraten dagegen unter den jüngeren Semestern. Bei den Wählern der Jahrgänge 1996 bis 2003 konnten sie gerade einmal 8,2 Prozent auf ihre Seite ziehen. Je jünger die Wähler, desto schwächer der Zulauf zur CDU. Da wäre die Einführung einer Enkelquote naheliegender als die Einführung der Frauenquote.

Diskutiert hat die Frauenquote etwas Bemühtes, verwirklicht ist sie oft eine Quälerei. Bei den Grünen ging die Bestallung der von den Statuten vorgesehenen Vorsitzendenpärchen selten ohne Beiziehung von Arzt und Apotheker vonstatten. Die SPD erlebte 2019, daß der im Paarlauf angetretene spätere Bundeskanzler Olaf Scholz den Mitgliedern als Parteichef nicht vermittelbar war. Inzwischen wird Scholz nicht müde, sich als Frauenförderer zu inszenieren. Bei der Regierungsbildung 2021 gelobte er Parität auf den Ministerbänken. Als er ein Jahr später die glücklose Verteidigungsministerin Christine Lambrecht limoginieren mußte, blieb ihm mangels Ersatzfrau nichts anderes übrig, als seinen Paritätsschwur gleich wieder zu brechen.

Sollte Scholz als Kanzler scheitern, wird dies andere Gründe haben. Der hohe Ton, mit dem die Frauenlobby agiert, täuscht nämlich. Es leidet nicht wirklich die weibliche Hälfte der Bevölkerung darunter, daß sie in den Kabinetten unterrepräsentiert ist. Vielmehr verhält es sich so wie beim Gendern. So wie die Mehrheit der Frauen nicht gegen das angeblich unfaire generische Maskulinum aufbegehrt, so wenig treibt sie die Frauenquote um. Sie geht nicht auf die Straße und protestiert nicht durch Wahlenthaltung. Für die meisten Frauen sind praktische Verbesserungen wie die Aufstokkung der Mütterrente, der Kita-Ausbau und Teilzeitarbeitsangebote wichtiger als die Frage, welchem biologischen Geschlecht Minister angehören. Werfen wir noch einen Blick in die Wahlsoziologie der CDU. Den größten Vorsprung bei den Frauen verzeichneten die Christdemokraten unter den Patriarchen Helmut Kohl, Ludwig Erhard und Konrad Adenauer. Als Angela Merkel folgte, waren CDU-Anhängerinnen gewiß stolz darauf, daß die erste Frau im Kanzleramt aus ihren Reihen kam. Aber nach 16 Jahren Amtszeit von Angela Merkel fuhr die Union ihr schlechtestes Wahlergebnis seit 1949 ein, auch bei den Frauen.

Die Frauenquote ist kein Frauenthema. Sie beschäftigt wie die gendergerechte Sprache nur ein bestimmtes Milieu. Die Professorinnen Hilde Coffé und Marion Reiser wollten 2019 wissen, wie groß die Unterstützung der Bevölkerung bei „Einführung von Quoten und anderen Gleichstellungsmaßnahmen in Deutschland" ausfallen werde.[145] Das Ergebnis war unzweideutig. Paritätsgesetze wollten nur 8 Prozent der Befragten, gesetzliche Quoten für Menschen mit Migrationshintergrund nur 1 Prozent. Freiwillige Frauenquoten, wie sie seit den achtziger Jahren von den Grünen praktiziert werden, befürworten 15,2 Prozent. Selbst grüne Frauen sind mehrheitlich Quotengegner. Bei der Befragung von Coffé und Reiser wünschten nur 28 Prozent gesetzliche Frauenquoten.

Das Resultat der Untersuchung kann nur diejenigen überraschen, die den Mainstream für ein ehrliches Abbild der Wirklichkeit halten. Die Mehrheit setzt andere Prioritäten als der Zeitgeist. Sie hat wohl auch ein Gespür dafür, wann an welchem Punkt mehr Gleichheit zu weniger Freiheit führt. Die aktivistische Minderheit treibt ihre Bohrungen trotzdem unbeirrt voran. So verabschiedete der Landtag von Brandenburg ein sogenanntes Paritätsgesetz. Es sollte die Parteien verpflichten, bei Listenaufstellungen für die Landtagswahl abwechselnd Männer und Frauen zu berücksichtigen. Das Gesetz wurde vom Verfassungsgericht des Landes kassiert. Die Richter erkannten in ihm eine unzulässige Einschränkung der Parteienfreiheit und schrieben den Verantwortlichen etwas ins Stammbuch, was sie hätten wissen müssen: Abgeordnete sind nicht Lobbyisten einer bestimmten Bevölkerungsgruppe; sie sind dem ganzen Volk verpflichtet. Das Urteil erging einstimmig, mit den Stimmen von vier Richterinnen.

Wolfgang Thierse wundert sich

Im Februar 2021 nahm sich der ehemalige Bundestagspräsident Wolfgang Thierse die linke Identitätspolitik vor. In einem Aufsatz in der „Frankfurter Allgemeinen Zeitung" beklagte der langjährige stellvertretende SPD-Vorsitzende, Identitätspolitik zerstöre den Gemeinsinn. Unter dem Stichwort Cancel Culture erlebe man „neue Bilderstürme". Thierse: „Die Reinigung und Liquidation von Geschichte war bisher Sache von Diktatoren, autoritären Regimen, religiös-weltanschaulichen Fanatikern." Auch das Gendern kritisierte Thierse: „Wenn Hochschullehrer sich zaghaft und unsicher erkundigen müssen, wie sie ihre Studenten anzureden hätten, „mit ‚Frau' oder ‚Herr' oder ‚Mensch', mit ‚er' oder ‚sie' oder ‚es', dann ist das keine Harmlosigkeit mehr. Und diejenigen, die das für eine Übertreibung halten, sind nicht einfach reaktionär, so wenig wie die es sind, die sich gegen Reglementierungen von Sprache per Anordnung oder per Verboten wenden." Thierse kreidete der identitätspolitischen Schule an, den Meinungskorridor zu verengen. Andersdenkende aus dem Diskurs auszusperren, könne er „weder für links noch für demokratische und politische Kultur" halten. Eindringlich mahnte der SPD-Politiker, die Pluralisierung der Gesellschaft brauche einen Gegenpol: Gemeinsinn. Die Arbeit an dem, was Ralf Dahrendorf den „sense of belonging" genannt habe, sei notwendiger denn je.[146] Kaum hatte Thierse seine Thesen öffentlich gemacht, erhielt er eine Breitseite aus der eigenen Partei. Die SPD-Vorsitzende Saskia Esken und Generalsekretär Kevin Kühnert fanden, man müsse sich für Thierse schämen. Allerdings erhielt Thierse auch viel Zuspruch. „Das Verrückte", sagte er, sei gewesen, daß alle ihm zu seinem Mut gratuliert hätten. „Warum muß man Mut haben, um seine Meinung zu äußern?"[147]

Thierse ist Ostdeutscher. In der DDR gab es keine Meinungsfreiheit, dafür viel Sprachlenkung, was wohl erklärt, weshalb die Ostdeutschen dem Gendern noch mehr mißtrauen als die Westdeutschen. Aus Erfahrung haben sie etwas gegen Bevormundung – kein schlechter Ausweis für die „Ossis", die man im Westen gern als Hinterbänkler in Sachen Demokratie abtut. Die Bundestagsparteien haben das Thema Gendern bisher rechts liegen gelassen. Das Plenum debattierte es einmal, am 24. Juni 2021, und zwar bezeichnenderweise auf Antrag der AfD. Bezeichnend war auch, daß die Debatte zu später Stunde stattfand. Die erste Reihe der Fraktionen glänzte durch Abwesenheit. Im Herbst 2022 sprach der Landtag von Thüringen mit einer Mehrheit aus CDU und AfD eine Empfehlung an die Landesbehörden aus, in der Kommunikation nach außen auf das Gendern zu verzichten. Einzelne Unionspolitiker, darunter der CDU-Vorsitzende Friedrich Merz, kritisierten den Neusprech, ohne daß dies seinen Niederschlag in der Programmatik der Partei gefunden hätte. Reiner Haseloff (CDU), Ministerpräsident des

Landes Sachsen-Anhalt, äußerte seinen Unmut. „Wenn ich auf der Straße höre: ‚Ey Digga, gehst Du zu Edeka?', schüttelt es mich. Wenn allerdings in den Medien auf Teufel komm raus gegendert wird, auch." Auch Haseloffs Kollegen Winfried Kretschmann von den Grünen schüttelt es. Der Ministerpräsident von Baden-Württemberg nahm seine Parteifreunde trotz oder gerade wegen ihrer hohen Genderaffinität ins Gebet. „Von diesem ganzen überspannten Sprachgehabe" halte er überhaupt nichts, erklärte Kretschmann und fügte hinzu, man wisse ja „seit der Französischen Revolution, wohin der Tugendterror führt – zu nichts Gutem."

Das sind Einzelstimmen. Natürlich ist in den Parteizentralen angekommen, daß es dem Großteil der Menschen so geht wie Reiner Haseloff. Aber während die Wahlstrategen sonst jede seismische Bewegung ernst nehmen, traut sich niemand an das Thema Gendern heran. Dafür gibt es eine Reihe von Erklärungen. Eine ist, daß sich die Politik generell schwertut mit schleichenden Entwicklungen. Mit den Realien der Politik können die Stabsstellen umgehen. Pandemien, Inflationsschübe und drohende Heizstoffknappheit lösen Kaskaden von Reaktionen aus. Das langsame, aber beharrliche Arbeiten der Mehlwürmer am Gebälk der Sprache bewegt sich unter dem Radar. Anders wäre es vielleicht, wachte wie in Frankreich eine mit geschichtlicher Autorität ausgestattete Einrichtung über das geschriebene und das gesprochene Wort. Aber wer kennt in den Zentralen von CDU und SPD den Rat für deutsche Sprache? Hinzu kommt, daß man sich nicht die Finger verbrennen will. Funktionäre und Parteitagsdelegierte riskieren lieber die Karambolage mit der Meinung der Mehrheit als mit dem Mainstream der Medien. „Wer im persönlichen Umfeld Zigeunerschnitzel bestellt und von Indianerhäuptlingen spricht und es sich erspart, im privaten Gespräch ‚Gendersternchen' mitzusprechen, wird kaum jemals auf den Unmut seiner Mitmenschen stoßen", meint Thomas Petersen vom Institut für Demoskopie Allensbach und fragt: „Woher kommt also der Eindruck, man dürfte dies nicht tun?" Die Antwort: „Dies ist nur erklärbar, wenn man die Rolle der Massenmedien in diesem

Prozeß mitberücksichtigt. Ohne sie könnte ein öffentlicher Druck gegen die Einstellungen der Mehrheit nicht aufgebaut werden."[148]

Die Medien spiegeln und beeinflussen das Meinungsklima. Die öffentlich-rechtlichen Programme des Fernsehens und des Radios legen sich für die „gerechte" Sprache ins Zeug und erweisen dem Leitbild Vielfalt ihre Reverenz. Die Anzahl von Präsentatoren mit Migrationshintergrund im Fernsehen hat schubartig zugenommen, die meisten Neuen sind ein Gewinn. Starke Frauen ermitteln in Krimi-Serien, ihre männlichen Chefs sind auffallend häufig Trottel. Die Täterszene wird von weißen Männern dominiert. Treten Schwarze und Farbige auf, weiß der erfahrene „Tatort"-Zuschauer, wen er sofort von der Liste der Verdächtigen streichen kann. Ein schwarzer Mörder kommt in Fernsehkrimis so wenig vor wie die Mörder*in in einem gegenderten Text. Anweisungen von oben sind unnötig. Die Drehbuchautoren kennen die Erwartungshaltung der Redaktionen und liefern. En vogue sind Stories, in denen junge Wilde der Marke Fridays for future schwerreichen Umweltsündern die Maske vom Gesicht reißen oder haltungsstarke Kommissarinnen rassistischen Immobilienhaien das Handwerk legen. Gegen all das wäre weniger einzuwenden, käme es nicht so penetrant daher. Es ist das Übermaß, das verstimmt.

In der zweiten Kölner Silvesternacht, ein Jahr nach den Vorkommnissen von 2015, blieb es im Stadtzentrum ruhig. Keine Zusammenrottungen nordafrikanischer junger Männer, die es auf blonde Frauen abgesehen hatten. Die Polizei war diesmal auf der Hut, trotzdem erntete sie kein Lob. Vielmehr warf man ihr vor, bevorzugt arabisch aussehende männliche Personen kontrolliert zu haben. „Racial profiling" sei dies, Herauspicken nach Hautfarbe, und deshalb rassistisch. Dabei gingen die Sicherheitskräfte empirisch vor. Es war ihr Auftrag, eine Wiederholung der Übergriffe zu verhindern, und die waren nun einmal unzweifelhaft von dunkeläugigen Nordafrikanern ausgegangen und nicht von blauäugigen Skandinaviern. Die Polizei des demokratischen Staates kann es linken Kreisen selten rechtmachen. Gelingt es nicht, Anschläge von

Rechtsextremisten rechtzeitig zu vereiteln, ist die Polizei auf einem Auge blind. Genauso droht ihr der Pranger, geht sie gegen Straftäter mit Opfer-Status vor. Immer liegt die Anklage des Rassismus in der Luft.

Rassistisch, sexistisch, homophob, transphob: Gleich Marktschreiern ist den linken öffentlichen Anklägern keine Anklage schrill genug. Es braucht wenig, und schon befindet man sich im Käfig wie die Wiedertäufer von Münster, der öffentlichen Maßregelung preisgegeben. Die Inflationierung der Schandvorwürfe führt dazu, daß die Stoppschilder vor echtem Rassismus übersehen werden. Ist der, der einen irakischen Taxifahrer mit der Frage nach seiner Herkunft nervt, ein Nazi? Der Verzicht auf Trennschärfe macht orientierungslos. Zugleich entzieht der dem lösungsorientierten Diskurs, auf den die offene Gesellschaft angewiesen ist, die Grundlage. Von einer „Schließung der Demokratie" spricht der Politikwissenschaftler Peter Graf Kielmannsegg.[149]

Dem Schlaghagel von Rassismusvorwürfen stehen die Betroffenen machtlos gegenüber. Die Angreifer müssen nichts beweisen. Sie haben den Standpunkt verinnerlicht, die Parteinahme für Minderheiten verleihe ihnen ein höheres Recht, auch das Recht, einen Andersdenkenden als moralische Person zu canceln. Wenn ein angesehener Wissenschaftler wie Reinhard Merkel bekennt, davor dürfe man Angst haben, ahnt man, weshalb viele weniger etablierte Mitglieder des Wissenschaftsbetriebs Konfrontationen lieber aus dem Weg gehen.

Vom Zeitgeist gemocht zu werden, ist eine Versuchung, der Politiker, Wissenschaftler und Journalisten nur schwer widerstehen können. Zwar möchte man nicht bevormundet werden, und Standpunkte zu vertreten, von denen man nicht überzeugt ist, verursacht ein ungutes Gefühl. Am Ende obsiegt das Ruhebedürfnis. Man dienert vor den Heiligen Kühen, geht Konflikten mit der eigenen Gruppe aus dem Weg, gendert in Maßen und verschafft dem Frust über die eigene Schwäche etwas Luft, indem man abends am Biertisch Witze über die Tollheiten der geschlechtersensiblen Sprache reißt.

Schuldgefühle lähmen die Abwehrkraft. Worin besteht die Schuld? Nehmen wir den Redakteur N.N. Jahrelang hat er in seinen Moderationen das generische Maskulinum verwendet. Ihm war nicht bewußt, daß er die Erbsünde, als weißer Mann geboren zu sein, mit sich herumschleppte. Mittlerweile geht er an die Vorbereitung seiner Moderation heran wie der Springreiter an den Hindernisparcours. Wehe, es fällt eine Stange. Früher konzentrierte er sich auf Korrektheit und Ästhetik seines Textes. Jetzt weiß er, daß die Wächter des Genderns ihn beobachten. Niemand wird ihm den Kopf abreißen, wenn er im Umgang mit Genetiv, Dativ oder Akkusativ strauchelt. Hauptsache, er fällt nicht versehentlich in den Graben verbotener Vokabeln.

Wer genau hinhört, gewinnt den Eindruck, daß Frauen am Mikrophon lockerer mit den Vorschriften des Genderns umgehen als ihre männlichen Kollegen. Weil sie nicht von Schuldgefühlen gehetzt sind? Auf der Frankfurter Buchmesse 2022 begrüßte die Kulturdezernentin der Stadt den gerade gekürten Buchpreisträger Kim de l'Horizon vormodern als Buchpreisträger, während der ihr nachfolgende Generaldirektor der Deutschen Nationalbibliothek sich befleißigte, den genderfluiden Schweizer fromm als Buchpreisträger:In mit hörbarer Pause vor der Endung präsentierte. Von „Jesu Jüngerinnen und Jüngern" sprach neulich im WDR ein Pfarrer. Mag sein, daß bei nächster Gelegenheit auch eine Pfarrerin so formuliert. Doch wahrscheinlich würde ihrer Anrede die Klangnote des gefallenen Sünders fehlen, der um die Aufnahme in die Gemeinschaft der Gerechten bettelt.

Schuldgefühle setzen selten produktive Energien frei. Sie verleiten zu einem Tunnelblick, der blind macht für alles, was nicht Buße ist und der Rücksicht auf Verluste nicht kennt. Dann ist die Verschandelung der Sprache kein Argument, und die Frage, was das Gendern den Frauen nutzt, wird nicht gestellt. „Die Anhänger des insistenten Genderns tun so, als hänge die Gleichberechtigung der Frauen an einem Glückslaut", mokierte sich Jürgen Kaube in der „Frankfurter Allgemeinen Zeitung".[150] Und der Fernsehmoderator Markus Lanz hatte nicht Unrecht, als er sarkastisch feststellte: „Die Lage einer verfolgten Minderheit in China wird keinen Deut besser, wenn man von Uigurinnen und Uiguren redet und sich dabei die Zunge verrenkt."[151]

Die „Schweigespirale" ist Teil einer Kommunikationstheorie, die in den siebziger Jahren von Elisabeth Noelle-Neumann formuliert wurde. Am Anfang der Theorie steht die Beobachtung, daß Menschen sich davor fürchten, isoliert zu sein. Sie halten den feuchten Finger in den Wind und sondieren, welche Trends tonangebend sind. Zentrale Bedeutung für die Herausbildung des Meinungsklimas haben die Medien. Berichten sie häufig über eine Sache oder präferieren sie bestimmte Standpunkte, hat das eine gespaltene Wirkung. Die einen fühlen sich bestätigt. Sie haben schon immer so gedacht und vertreten ihre Position nun umso entschiedener. Die anderen versiegeln ihren Mund aus Angst, als Außenseiter dazustehen. So kommt die Schweigespirale in Gang. Was das Meinungsklima schon vorher dominierte, legt nochmals an Gewicht zu. Was schon vorher um Anerkennung ringen mußte, wird noch weniger beachtet. Wie die schweigende Mehrheit wirklich denkt, ist für das Meinungsklima unerheblich. Im Extremfall stellt es die Realität auf den Kopf.

Lange Zeit war das Meinungsklima kein Thema, ein Zeichen dafür, daß man sich in einer politischen und gesellschaftlichen Ruheperiode befand. Der Einbruch der Identitätspolitik hat die Ruhe gestört. Beklagt wird eine zunehmende Unversöhnlichkeit im öffentlichen Diskurs, debattiert wird über Parallelwelten.[152] Die Schweigespirale erlebt eine Renaissance als Erklärung für die Entfremdung der Bevölkerungsmehrheit.[153] Starke Anhaltspunkte für eine Entfremdung finden sich in Ostdeutschland. Die Unzufriedenheit mit der „Berliner Politik" und die Skepsis gegenüber der Demokratie als Staatsform sind hier deutlicher ausgeprägt als in der alten Bundesrepublik. Mit der Demokratie zufrieden waren Mitte 2022 nur 39 Prozent der Ostdeutschen, zwei Jahre vorher waren es noch 48 Prozent gewesen (Westdeutschland: 59/65). Das

Recht auf freie Meinungsäußerung hält die Mehrheit der Ostdeutschen für ein leeres Versprechen. In einer Untersuchung, die das Amt des Ostbeauftragten der Bundesregierung in Auftrag gegeben hatte, erklärten nur 43 Prozent, man könne seine Meinung äußern, „ohne Ärger zu bekommen" (2020: 50). Im Westen ist das Zutrauen größer, aber auch hier nimmt die Unsicherheit zu (59/63).[154]

Für Fachleute passen die Zahlen ins Bild. Die Flugkurve im Freiheitsindex weist seit Jahren nach unten. „Haben Sie das Gefühl, daß man heute in Deutschland seine Meinung frei sagen kann?" Diese Frage stellte das Allensbach-Institut erstmals 1953.[155] Damals, vier Jahre nach Gründung der Bundesrepublik, antworteten immerhin 58 Prozent der Befragten mit ja. Nur 25 Prozent äußerten, es sei „besser, vorsichtig zu sein". In den Folgejahren nahm das Vertrauen immer mehr zu. Zwischen 1970 und 2000 war die Meinungsfreiheit für mehr als zwei Drittel der Bevölkerung ein unangefochtener Besitz. Der Sinkflug setzte mit den Zehnerjahren ein.[156] Den vorläufigen Tiefpunkt erreichte er 2021. In diesem Jahr meldeten die Allensbacher nur noch 45 Prozent Zustimmung auf ihre Standardfrage. Fast gleichauf war mit 44 Prozent der Anteil derer, die meinten, es sei „besser, vorsichtig zu sein". Um herauszufinden, wo die Bürger sich besonders auf die Zunge beißen, stellt das Institut seit 1996 regelmäßig die Frage: „Welches sind Ihrer Ansicht nach heikle Themen, bei denen man sich leicht den Mund verbrennen kann, wenn man über sie spricht?" An der Spitze der heiklen Themen liegt mit großem Vorsprung das Thema Muslime/Islam. Es kletterte zwischen 1996 und 2021 von 15 auf 59 Prozent. Bemerkenswert ist auch die Einschätzung des Themenkomplexes Emanzipation/Gleichberechtigung der Frau. 31 Prozent der Bürger glauben, man könne sich hier „leicht den Mund verbrennen" (Startwert 1996: 3 Prozent).

Nun wird hierzulande die Meinungsfreiheit nicht von Gesetzes wegen eingeschränkt. Trotzdem haben viele Menschen das Gefühl, bedrängt und gegängelt zu werden. Die Forscher erklären das mit pandemischen Phänomenen wie Cancel Culture und dem Gendern. Die Angst, bei Verstößen gegen den Katechismus der Korrektheit scheel angeschaut oder angeprangert zu werden, sei ein wesentlicher Grund, lieber zu schweigen und mit seiner Ansicht hinter dem Berg zu halten. Gleichzeitig wachse die Gereiztheit. In der genannten Allensbach-Untersuchung stimmten 55 Prozent der Befragten der Aussage zu: „Ich weigere mich mit Absicht, meine Ausdrucksweise anzupassen und mich politisch korrekt auszudrücken, weil es mich nervt, wenn andere versuchen, mir ihre Sprachregelungen aufzudrängen."

Gesellschaft mit Schulterblick

Totalitäre Staaten erkennt man nicht unbedingt am repressiven Gesetzeskanon. Sie lassen absichtlich in der Schwebe, was erlaubt und was verboten ist. Willkür gedeiht am besten in der Unsicherheit. Wir leben glücklicherweise nicht unter totalitären Bedingungen, und der gebückte Gang ist nicht typisch für die Bundesbürger. Typisch ist eher der Schulterblick. Der Schulterblick ist eine furchtgetriebene Rückversicherung. Bevor man weiterspricht, muß man wissen, mit wem man es zu tun hat. Welcher Sprachcode gilt in der Gruppe, in der man sich gerade befindet? Im Fußballstadion wird nicht gegendert, in der Oper schon eher. Wer an der Kasse im Supermarkt drängelt, weil er hernach noch zur Bäcker:in müsse, wird für einen Alien gehalten. Dagegen empfiehlt es sich, im Gespräch mit seiner Prüfungsprofessorin an der Uni das generische Maskulinum weiträumig zu umfahren. Schutz gewährt oft schon ein gezielt in die Runde geworfenes Signalwort. Man sagt „Gutachtende" oder „Radfahrende" und hat die Zulassung zur Konversationsgruppe in der Tasche.

Doch selbst in der Gruppe ist Vorsicht geboten. Es könnte sei, daß man nicht auf dem Laufenden ist, weil eine „Community" gerade eine neue Mikroaggression ausgespäht hat. Täglich tut sich etwas, wie die folgenden Beispiele illustrieren. Da hält man als Mitglied einer Journalistengewerkschaft das Zentralorgan in der Hand. Noch gestern hieß es „Der Journalist", nun heißt es „Die Journalistin". Die Bestnote in Anpassung verdient sich der Bund deutscher Architekten. Nichtsahnend leert das Mitglied am Morgen den Briefkasten und stellt fest, daß die Verbandszeitschrift, die es lange unter dem vermeintlich unschuldigen Titel „Der Architekt" bezogen hat, auf einmal als „Die Architekt" (!) in der Post liegt. Will man die Tageslosung nicht verpassen, empfiehlt sich die ständige Hab-acht-Stellung. Gestern war man endlich in der Lage, ein sauber artikuliertes Bürgerinnen und Bürger flüssig über die Lippen zu bringen, heute ist das schon nicht mehr state of the art. Die Paarform unterschlage Geschlechtspendler, hört man sagen. Also übt man jetzt beim Schreiben Bürgx (Plural: Bürgxs) ein, weil nur auf diese Weise auch Nicht-Heteros „mitgedacht" werden. Daß Neger nicht geht, weiß „Bürgx" natürlich. Aber bewegt man sich nicht auch bei „Schwarzer" oder „Farbiger" auf schwankendem Grund? Als Kamala Harris, die demokratische Politikerin, Vizepräsidentin der USA wurde, wunderte man sich über die Fernsehnachrichten, die sie als erste schwarze Frau in dieser Position vorstellten. Dabei hat Harris als Tochter einer tamilischen Brustkrebsforscherin und eines jamaikanischen Vaters eine Hautfarbe, die nur Farbenblinde als schwarz bezeichnen würden. Die zitternde Hand der Fehlervermeidung ist noch in Harris' Wikipedia-Eintrag erkennbar, wo Joe Bidens Running Mate als „afroamerikanische und asiatisch-amerikanische Person" figuriert.

Es ist nicht reaktionär, wenn man den Neusprech als Überforderung empfindet. Man ist ja bereit, sich anzupassen und neue Regeln zu lernen. Allerdings sollte man die Regeln begreifen und unangestrengt anwenden können. Wer versteht schon, weshalb ein Indianer nicht mehr ein Indianer sein darf, sondern ein Indigener, obwohl es doch Dutzende indigener Varianten auf dieser Welt gibt und man die indigenen Eskimos in Alaska nicht mit den indigenen Aborigines von Australien in einen Topf werfen möchte. Wo Regellosigkeit Programm ist, ist die Gefahr, in Fettnäpfchen zu treten, allgegenwärtig. „Geduckte Ängstlichkeit" mache sich breit, konstatiert der journalistische Beobachter René Pfister.[157] Der Schulterblick wird zur gesellschaftlichen Haltungsverkrümmung. Erweiterte Form des Schulterblicks ist die Selbstzensur. Gott sei Dank werden heutzutage Schriftsteller, anders als der beklagenswerte Dichter Ampleforth in „1984", nicht vaporisiert, wenn sie einen Fehler gemacht haben. Immerhin ist dem Schweizer Krimi-Autor Linus Reichlin gründlich die Laune verdorben. „Es macht keinen Spaß mehr, über Frauen zu schreiben. Es ist zu gefährlich geworden. Als *old white writer* verspürt man heutzutage den Wunsch, nur noch Romane über Arktisexpeditionen des neunzehnten Jahrhunderts zu verfassen. Denn hier könnte die Beschreibung von Frauenfiguren auf historisch abgesicherte Weise elegant umgangen werden." Reichlin ist nicht frei von Selbstkritik. Möglicherweise habe er früher „etwas zu eingleisige Frauenbeschreibungen" geliefert, räumt er ein. „Was aber nicht richtig sein kann, ist, daß der männliche Autor seiner eigenen Einschätzung, ob eine Frauendarstellung harmlos ist oder nicht, nicht mehr trauen kann."[158]

Die Angst, auszurutschen und von Wächterräten an den Marterpfahl gebunden zu werden, verunsichert nicht nur Einzelne, sondern ganze Institutionen. Die Stiftung Humboldt Forum, erfuhr man kürzlich aus der Zeitung, hat ihre Richtlinien für den Umgang mit Spendengeldern auf einen diskriminatorisch einwandfreien Stand gebracht. Paragraph 8 verbietet jetzt in Absatz 2, Punkt 5 Spenden von Spenderinnen und Spendern anzunehmen, „deren öffentliche Äußerungen und Verhaltensweise eine Benachteiligung aus Gründen der Rasse oder wegen der ethnischen Herkunft, des Geschlechts, der Religion oder Weltanschauung, einer Behinderung, des Alters oder der sexuellen Identität anderer Menschen erkennen lassen".[159] Über den Prüfaufwand, den der Kassierer der Stiftung nun hat, möchte man gar nicht nachdenken.

Anfang 2022 traten in Deutschland vermehrt Fälle von Affenpocken auf. Die Krankheit wird durch das Monkeypox-Virus (MPXW) verursacht und bedroht erfahrungsgemäß fast ausschließlich Homosexuelle. Im Juli 2022 hatten sich die Fälle derart gehäuft, daß das Robert Koch-Institut (RKI) und die Bundeszentrale für gesundheitliche Aufklärung (BZgA) sich veranlaßt sahen, eine Warnung herauszugeben. Wer erwartet hatte, die Behörden würden das Naheliegende tun und die nötigen Informationen speziell an die besonders gefährdete Gruppe adressieren, sah sich getäuscht. Das Wort „homosexuell" fand sich in der zweiseitigen Mitteilung kein einziges Mal. Stattdessen wurden die Leser in nebelhaften Worten vor Stigmatisierung gewarnt: „In Deutschland und vielen anderen Ländern sind im Mai 2022 erstmals Fälle von Affenpocken aufgetreten. Menschen mit einer Affenpocken-Diagnose sollten nicht für ihre Krankreit verantwortlich gemacht werden. Kein Mensch und keine Personengruppe sollte wegen einer Krankheit stigmatisiert werden." Was immer man über die sonderbare Mitteilung denken mag: Den Herausgebern war die eigene Absicherung gegen Diskriminierungsvorwürfe wichtiger als der Schutz der gefährdeten Gruppe. Selbstverständlich vergaßen die Autoren der Desinformation nicht zu gendern. „Wenn Sie Symptome einer möglichen Erkrankung bei sich bemerken oder fürchten, sich mit Affenpocken infiziert zu haben, wenden Sie sich bitte an Ihren Arzt/Ihre Ärztin, damit sie bestmöglich behandelt werden."[160]

Ihre eigenen Prioritäten setzte auch die ehemalige Umweltministerin des Landes Rheinland-Pfalz, Anne Spiegel. Wir erinnern uns: Am 14. Juli 2021 brach eine Hochwasserkatastrophe über Teile Deutschlands herein, wie man sie bis dahin nur aus dem Fernsehen kannte. Sie erschütterte vor allem eine Region des Landes Rheinland-Pfalz, das Ahrtal. Am Nachmittag des unheilvollen Tages schickte das rheinland-pfälzische Umweltministerium den Textvorschlag einer Pressemitteilung an die Amtschefin, die Ministerin Anne Spiegel von Bündnis 90/Die Grünen, mit der Bitte um Freigabe. Unter der Überschrift „Angespannte Hochwasserlage" sollte Spiegel verlautbaren: „Wir nehmen die Lage ernst, auch wenn kein Extremhochwasser droht." Laut SMS-Protokoll[161] antwortete Spiegel ihren Presseleuten: „Konnte nur kurz draufschauen, bitte noch gendern CampingplatzbetreiberInnen. Ansonsten Freigabe." Offenbar in Zeitnot, handelte die grüne Politikerin nach dem Grundsatz „first things first". Sie schob die Beschäftigung mit der Gefahrenlage in die Warteschleife. Hauptsache, weibliche Betreiber von Campingplätzen wurden nicht durch den Gebrauch des generischen Maskulinums verletzt.

Zurück zum Affentheater um die Affenpocken: Im Nachbarland Frankreich verfolgten die dort zuständigen Behörden dieselbe Informationsstrategie wie die rechtsrheinischen Kollegen. „Unsere Kommunikation für das Impfen zielt auf die LGBTQ-Gemeinschaft, ohne sie zu nennen", betonte ein Beamter des Gesundheitswesens vor dem Senat. Sandrine Rousseau, Grünen-Abgeordnete in der Assemblée, schlug parallel vor, die Bezeichnung „Affenpokken" zu ändern. Sie sei diskriminierend.[162]

Unsere Sprache: der Ort des Wir

Der in Prag geborene Schriftsteller Jan Faktor begrüßte in seiner Dankrede für die Verleihung des Wilhelm-Raabe-Literaturpreises 2022 das Publikum mit den Worten „liebe Anwesenderinnen und Mannsgenugseiende". Dann setzte sich der Autor eines Schelmenromans mit der Entwicklung der Sprache auseinander. Den Gender-Anhängern attestierte er gute Absichten. Miserabel sei jedoch die Umsetzung, sie beschränke sich auf „erschreckend simple Holzhammerkorrekturen".

Über die verballhornende Anrede konnten die, die es sich zur Lebensaufgabe gemacht haben, eine „faire" und gendersensible

Sprache durchzusetzen, wohl kaum lachen. Ideologen sind üblicherweise humorlos. Mit nichts kommen sie so wenig zurecht wie mit Satire. Und da haben die Genderisten einiges auszuhalten. „Gästinnen", „tote Radfahrende" und andere skurrile Wortschöpfungen laden einfach unwiderstehlich zur spöttischen Entlarvung ein. „Der amerikanische Traum: Vom Tellerwäscher zum Millionär/Der deutsche Traum: vom Tellerwäscher zum Tellerwaschenden". Der Unbekannte, der diese wunderbare Blödelei in die Umlaufbahn geschossen hat, bediente sich einer Methode, die man in Frankreich als „dénoncer par le rire" kennt. Literaturwissenschaftler schieben sie Molière in die Schuhe, der sie ins Theater brachte mangels anderer Möglichkeiten, den Adel zu ärgern.

Ob die Methode des Lächerlichmachens in unserem Zusammenhang funktioniert, ist zu bezweifeln. Wo noch der größte Unsinn als Etappensieg der Gerechtigkeit gefeiert wird, hätte sich selbst Molière die Zähne ausgebissen. Den deutschen Buchpreis erhielt 2022 der Schriftsteller Kim de l'horizon. Der Schweizer hat als non-binärer Mensch ein Problem mit Pronomina. Deshalb verwendet er in seinem Roman „Blutbuch" die Worte „jemensch" und „niemensch" für jeder und niemand. Allem Anschein nach fanden das die Juroren geistreich, zum wenigsten genial authentisch. Sie sprachen dem jungen Mann die hochdotierte Auszeichnung zu.

Witze reißend oder milde lächelnd über den Einbruch in unsere Sprache hinwegzugehen wie über eine Jugendtorheit, ist ein Luxus, den wir uns nicht länger leisten können. Das Gendern hat die Sprache bereits aufgemischt. Der Mutwille, mit dem dies auch weiterhin geschieht, ist ebenso bedenklich wie die intellektuelle Widerstandslosigkeit, mit der das Treiben hingenommen wird. Wir sind hineingeglitten in ein sprachliches Trizonesien. Zone eins: Eine Liaison der Belletristik mit dem Neusprech ist schwer oder gar nicht vorstellbar. Zone zwei: An der Alltagssprache prallt das Gendern mit seiner gespreizten Künstlichkeit ab. Bleibt die dritte Zone mit öffentlich-rechtlichem Rundfunk, Hochschulen und Verwaltung, wo eifernd oder opportunistisch gegendert wird.

Könnten die „Woken" nachweisen, daß das Gendern die Sache der Frauen oder minoritärer Gruppen in irgendeiner Weise voranbringt, würde man ihrem Anliegen leichter folgen. Den Nachweis sind sie indes schuldig geblieben. Im westlichen Teil der Welt wurden die großen Gleichstellungsfortschritte durch Gesetzgebung erreicht. Und was den islamischen Kulturkreis und den „Globalen Süden" betrifft, sollte niemand glauben, die dort herrschenden Einstellungen gegenüber Frauen und Homosexuellen ließen sich auf links drehen, wenn in Deutschland die Regenbogenfahne gehißt und verkündet wird, daß „jemensch" nach seiner Façon leben dürfe. Die Vorstellung, die Realität lasse sich durch Sprache verändern, ist allzu naiv.

Ende der siebziger Jahre erschien eine radikal-feministische Zeitschrift, die „Schwarze Botin". Der Untertitel „Eine Zeitschrift für die Wenigsten" brachte die Hoffart einer selbsternannten und sich selbst genügenden Avantgarde treffend zum Ausdruck. Zur Mehrheit zu werden ist gar nicht ihr vordringliches Ziel; die Mehrheit zu respektieren kommt ihr nicht in den Sinn. In ihrer Verblendung rechnet diese Avantgarde es sich sogar als Ehre an, die Mehrheit gegen sich aufzubringen. Ist es falsch, diese Einstellung den Anhängern des Genderns zuzuschreiben? Mit einer kleinen Portion Selbstkritik müßten sie längst erkannt haben, daß sie mit ihrer Besserwisserei kaum Proselyten machen und nur das gesellschaftliche Klima vergiften.

Das Gendern spaltet wie Cancel Culture, Postkolonialismus, Social-Race-Theorie, Queer-Theorie und andere Zweige der Identitätspolitik auch. Ohne ersichtlichen Sinnhorizont zerstört die Identitätspolitik den gesellschaftlichen Zusammenhalt, der gerade im Augenblick gestärkt werden müßte. Deutschland ist ein Einwanderungsland. Lange hat es gebraucht, diesen Sachverhalt zu akzeptieren. Deutschland wird auf absehbare Zeit den Zuzug fremder Menschen benötigen, aus demographischen Gründen, das heißt aus Eigeninteresse, und weil die Fluchtursachen nicht aufhören werden zu bestehen. Es ist also zweifellos vernünftig, ja zu sagen zur Einwanderung. Fahrlässig wäre es jedoch, ihre Tragweite auszublenden. Migration setzt zentrifugale Kräfte frei, das liegt in der Natur der Sache. Eine umsichtige Politik wird das berücksichtigen und Widerlager schaffen. „Wenn das Boot nach links zu kentern droht, lehne ich mich automatisch nach rechts, und umgekehrt." (Thomas Mann) Fehlt der Politik dieser natürliche Gleichgewichtssinn, droht die überforderte Mehrheitsgesellschaft abzudriften. Es hat den Anschein, als stünden wir gerade an diesem Punkt. In etlichen europäischen Staaten haben Parteien mit rechtsidentitären Ideen in letzter Zeit Zuspruch gewonnen. Die Klopfzeichen sind also nicht zu überhören. Statt Vielfalt, die weder gut noch schlecht ist, zu verklären, wäre es geboten, den gesellschaftlichen Zusammenhalt zu stärken, um die Folgen der Massenmigration auszubalancieren. Das Zugehörigkeitsgefühl, Dahrendorfs „sense of belonging", braucht einen Ort. Vor Jahren erhob die CDU einmal die Forderung nach einer „Leitkultur". Der Findungsversuch scheiterte im Ansatz, Anachronismus war noch die mildeste Form der Zurückweisung. Vielleicht war der Anspruch zu hoch und der Begriff falsch. Heute müßte sich ein Minimalkonsens finden lassen über Komponenten, die das Wir konstituieren. Die wichtigste Komponente ist neben der gemeinsamen Erinnerung zweifellos die gemeinsame Sprache.

Wer respektlos und mit blinder Energie auf die Muttersprache losgeht, macht sich nicht nur des ästhetischen Vandalismus schuldig. Er legt die Axt an den Ort, den das Wir existentiell braucht. Man darf wohl nicht darauf hoffen, daß die Aktivisten des Genderns zu dieser Einsicht gelangen. Umso mehr ruht die Hoffnung auf denen, die die Herausforderung des Kulturkampfs annehmen. Unsere Sprache braucht Verteidiger.

Anmerkungen

1. FAZ, 12.4.2021.
2. Leiner, S. 31.
3. Möller, S. 375.
4. Zitiert nach Fuchs, S. 44 f.
5. Vgl. Schmidt, S. 479.
6. Krischke, S. 223 f.
7. Vgl. Lindemann, S. 138 f.
8. Vgl. Krischke, S. 228 f.
9. Vgl. Kaehlbrandt, S. 215.
10. Wurzel, S. 52.
11. Zitiert nach Krischke , S. 161.
12. Kaehlbrandt, S. 105.
13. Das deutsche Schulportal, 12.8.2021.
14. Sprachnachrichten, III-2022.
15. Vgl. Müchler, S. 43 f.
16. Im Gedichtfragment „Deutsche Größe", vgl. Borchmeyer, S. 21.
17. FAZ, 9.1.2023.
18. Kaehlbrandt, S. 40.
19. FAZ, 7.9.2022.
20. Ebd.
21. „Arbeiten unter Palmen – oder lieber im Harz?", FAZonline 10.5.2022.
22. Wilke, S. 142.
23. Wilke, S. 147.
24. Wilke, S. 152.
25. Holzweißig, S. 14 .
26. Zitiert nach Holzweißig, S. 10.
27. Orwell, S. 273.
28. Orwell, S. 212.
29. Pusch, S. 103 f.
30. Pusch, S. 86.
31. Zitiert nach Payr, S. 3.
32. Pusch, S. 11.
33. Ebd. S. 10.
34. So unter anderem Peter Bender, Das Ende des ideologischen Zeitalters,

und Karl Dietrich Bracher, Zeit der Ideologien. Eine Geschichte politischen Denkens im 20. Jahrhundert.

[35] Vgl. Pluckrose/Lindsay, S. 28 ff.
[36] Ebd., S.35.
[37] Der Tagesspiegel, 8.8.2018.
[38] Vgl. FAZ vom 18.1.2021.
[39] Ebd.
[40] Vgl. Zifonum, S. 45.
[41] FAZ, 19.1.2023.
[42] Am 29.12.2022 im Deutschlandfunk, Zeitzeugen im Gespräch.
[43] Zitiert nach Deutschlandfunk Kultur, 6.6.2018, https://www.deutschlandfunkkultur.de/aus den feuilletons
[44] Payr, S. 49.
[45] Corpus Iuiris Civilis, Dig., L, Tit. XVI, 1. Den Hinweis verdanke ich Dr. Josef Lange, dem Vorsitzenden des Rats für deutsche Rechtschreibung.
[46] Zifonum, S. 46.
[47] FAZ, 21.10.2022.
[48] FAZ, 18.1.2021.
[49] Wenn es nottut, greifen die Neusprechler auch mal in die Mottenkiste. Das Wort „Gästinnen" wird schon in Grimms Wörterbuch als altertümlich bezeichnet. Es ist jedenfalls älter als das Wort „Gendern" und wohl auch als das generische Maskulinum.
[50] Diewald/Steinhauer, S. 113.
[51] Gerster/Nürnberger, S. 143.
[52] www.openpetition.de/petition/online/abkehr-von-der-gendersprache-in-politik-verwaltungen-bildung-und-gesetzgebung-jetzt
[53] Payr, S. 53 ff.
[54] Ruf, S. 5.
[55] Gerster/Nürnberger, S. 138.
[56] ORF.at, 12.6.2021: „Im Deutschen tut sich eine Lücke auf".
[57] FAS, 7.8.2022.
[58] Zitiert nach Diewald/Steinhauer, S. 97.
[59] Diewald/Steinhauer, S. 6.
[60] Vgl. IQB-Bildungstrend 2021.
[61] FAZ, 31.12.2022.
[62] Sprachnachrichten, I-2022.
[63] FAZ, 9.1.2023.
[64] Empfehlungen des Rats vom 26.3.2021.
[65] So die Gleichstellungsbeauftragte der Stadt Hannover an den Autor, 17.5.2022.

[66] Antwort des Amtes für Integration & Vielfalt, Abteilung Vielfalt an den Autor, 25.5.2022.
[67] Diewald/Steinhauer S. 6.
[68] Quelle: Infratest dimap 2022.
[69] FAZ, 16.6.2021.
[70] Payr, S. 130.
[71] Vgl. Payr, S. 125 ff mit weiteren Umfrageergebnissen. Das Resultat bleibt das gleiche: Die große Mehrheit ist gegen das Gendern.
[72] FAZ, 27.8.2022.
[73] FAZ, 21.5.2021.
[74] Ebd.
[75] https://www1.wdr.de/nachrichten/gender-umfrage-Infratest-dimap-100.html.
[76] FAS, 19.2.2023.
[77] Vgl. Forschung & Lehre, 29.7.2019.
[78] Ebd.
[79] Pfister, S. 105 f.
[80] Quelle: News4teachers. Das Bildungsmagazin. 30.4.2014.
[81] FAZ, 18.10.2021.
[82] Pusch, S. 69 ff.
[83] Zifonum, S. 48.
[84] https://blog.zeit.de/glashaus/201802/07/gendern-schreibweise-geschlecht-maenner-frauen-ansprache.
[85] Antwort an den Verfasser.
[86] So hieß es auf der Tagesschau-Internetseite. Die Wörter „gebärende Person" und „Entbindende" wurden nach Protesten aus dem Text entfernt; sie hätten „zu Mißverständnissen geführt" (31.3.2023). Quelle: https://www.tagesschau.de/inland/innenpolitik/familienstartzeitgesetz-paus-sonderurlaub-101.html
[87] FAZ, 8.12.2022.
[88] https://www.tonight.de > unterhaltung > hart-aber-fair.
[89] Gerster/Nürnberger, S. 198.
[90] Vgl. Sprachnachrichten, I-2022.
[91] Süddeutsche Zeitung, Transparenz-Blog, 27.7.2021.
[92] Pfister, S. 119f:
[93] Vgl. Klein, S. 375.
[94] Vgl. Siegfried Weischenberg, Maja Malik, Armin Scholl: Die Souffleure der Massengesellschaft. Report über die Journalisten in Deutschland.
[95] Margreth Lünenborg, Simon Berghofer, Politik-Journalistinnen und -Journalisten.

96 Pfister, S. 119.
97 Pfister, S. 100.
98 Vgl. Porzig, S. 250.
99 Meyer, Neue Gesellschaft/Frankfurter Hefte, 10/2018.
100 Vgl. Pfister, S. 15.
101 https:/www.amnesty.de < glossar-fuer-diskriminierungssensible-sprache.
102 https://www.stern.de>gesellschaft, 12.7.2021.
103 Vgl. FAZ, 16.6.2021.
104 FAZ, 16.9.2021.
105 Pfister, S. 128 f.
106 Sprachnachrichten, III-2022.
107 FAZ, 5.1.2023.
108 FAZ, 4.2.2021.
109 http://www.netzwerk-wissenschaftsfreiheit.de, vgl. auch FAZ 14.12.2022, S. N 4.
110 Zitiert nach FAZ, 14.11.2022.
111 FAZ, 25, 3. 2022.
112 Deutschlandfunk Kultur, 2.3.2021.
113 FAZ, 5.10.2022.
114 Zit. nach Schröter, S. 89.
115 Fourest, S. 9.
116 Rukaj, S. 16.
117 Ebd.
118 FAZ, 6.5.2019.
119 Quelle: DISTATIS/Statistisches Bundesamt. Pressemitteilung 088 vom 7. März 2022.
120 Pressemitteilung Gemeinsame Wissenschaftskonferenz 2.11.2022.
121 FAZ, 23.11.2022, Natur und Wissenschaft S. 4.
122 taz.de/Neue-Richtlinien-von-Amazon-Studios/!5786500.
123 https://wikipedia.org/wiki/LGB#Internationale_Aktionstage.
124 Die Zeit, 9.5.2019.
125 Vgl. Rukaj, S. 149.
126 FAZ, 11.10.2022.
127 Ebd.
128 Vgl. Schröter, S. 95 ff.
129 Gerster/Nürnberger, S. 25.
130 „Die Fanatiker der Reinheit", in FAZ, 8.3.2021.
131 Gina Thomas in der FAZ vom 5.12.2022.
132 FAZ, 13.8.2022.
133 FAZ, 18.8.2022.

[134] Gerster/Nürnberger, S. 107.
[135] Vgl. Pfister, S. 19.
[136] Ackermann, S. 72,
[137] https://deutschlandfunkkultur.de/struktureller-rassismus-ein-irreführender-begriff-100.html.
[138] FAZ, 25.6.2022.
[139] Ebd.
[140] Pfister, S. 63.
[141] FAZ, 5.12.2022.
[142] Frankfurter Rundschau, 17.7.2021.
[143] Zitiert nach Sprachnachrichten, III-2022.
[144] Vgl. Mitteilung der Max-Planck-Gesellschaft, 7. April 2021.
[145] FAZ, 31.3.2021.
[146] FAZ, 22.2.2021.
[147] In einem Gespräch mit dem Verfasser.
[148] FAZ, 16.6.2021.
[149] FAZ, 17.5.2021.
[150] FAZ, 11.9.2022.
[151] Zit. nach Payr, S. 151.
[152] Vgl. Jürgen Kaube, André Kieserling: Die gespaltene Gesellschaft, Berlin 2022.
[153] Vgl. Ulrike Ackermann: Die neue Schweigespirale, Darmstadt 2022.
[154] Vgl. Deutschland-Monitor: https://www.ostbeauftragter.de>ostb-de> Deutschland.
[155] Thomas Peterson, Institut Allensbach: „Die Mehrheit fühlt sich gegängelt", FAZ, 16.6.2021.
[156] Vgl. auch Precht/Welzer, S. 8.
[157] Pfister, S. 184.
[158] FAZ, 1.6.2021.
[159] FAZ, 23.11.2022.
[160] Herausgeber: Robert Koch-Institut, Bundeszentrale für gesundheitliche Aufklärung. Berlin/Köln 2022.
[161] Quelle: Rhein-Zeitung.
[162] FAZ, 12.8.2022.

Literatur

Ackermann, Ulrike: Die neue Schweigespirale. Wie die Politisierung der Wissenschaft unsere Freiheit einschränkt, Darmstadt 2022
Beauvoir, Simone de: Le deuxième sexe, Paris 1949
Bender, Peter: Das Ende des ideologischen Zeitalters, Berlin 1981
Borchmeyer, Dieter: Was ist deutsch? Die Suche einer Nation nach sich selbst, Berlin 2017
Brantenberg, Gerd: Die Töchter Egalias. Ein Roman über den Kampf der Geschlechter, Berlin 2021
Bracher, Karl Dietrich: Zeit der Ideologien. Eine Geschichte politischen Denkens im 20. Jahrhundert, Stuttgart 1982
Diewald, Gabriele/Steinhauer, Anja: Richtig gendern. Wie Sie angemessen und verständlich schreiben (Duden-Verlag) Berlin 2017
Distelhorst, Lars: Judith Butler, Paderborn 2009
Fennert, Dana: Das generische Maskulinum: Ein Auslaufmodell? Konrad-Adenauer-Stiftung. Monitor gesellschaftlicher Zusammenhalt, Berlin 2022
Fourest, Caroline: Generation beleidigt. Von der Sprachpolizei zur Gedankenpolizei. Über den wachsenden Einfluß linker Identitärer, Berlin 2020
Gerster, Petra/Nürnberger, Christian: Vermintes Gelände. Wie der Krieg um Wörter unsere Gesellschaft verändert. Die Folgen der Identitätspolitik, München 2021
Goodhart, David: The Road to Somewhere. The Populist Revolt and the Future of Politics, London 2017
Holzweißig, Gunter: Zensur ohne Zensor. Die SED-Informationsdiktatur, Bonn 1997
IQB Bildungstrend 2021: Institut zur Qualitätsentwicklung im Bildungswesen, IQB Bildungstrend 2021, herausgegeben von Petra Stanat, Stefan Schipolowski, Rebecca Schneider, Karoline A. Sachse, Sebastian Weirich, Sofie Henschel, Kompetenzen in den Fächern Deutsch und Mathematik am Ende der 4. Jahrgangsstufe im dritten Ländervergleich. Münster, 2022. https://doi.org/10.31244/9783830996064
Kaehlbrandt, Roland: Deutsch. Eine Liebeserklärung. München 2022
Kaube, Jürgen/Kieserling, André: Die gespaltene Gesellschaft, Berlin 2022.
Kertész, Imre: Innere Einkehr, Berlin 2015
Klein, Markus: Von den „frustrierten akademischen Plebejern" zum gesell-

schaftlichen „Patriziat", in: Kölner Zeitschrift für Soziologie und Sozialpsychologie, 2022, S. 374-380

Krischke, Wolfgang: Was heißt hier Deutsch? Kleine Geschichte der deutschen Sprache, München 2009

Leiner, Wolfgang: Das Deutschlandbild in der französischen Literatur, Darmstadt 1991

Lindemann, Margot: Deutsche Presse bis 1815, Berlin 1969.

Möller, Horst: Fürstenstaat oder Bürgernation. Deutschland 1763–1815, Berlin 1989

Müchler, Günter: Beste Feinde. Frankreich und Deutschland – Geschichte einer Leidenschaft, Darmstadt 2022

Orwell, George: 1984. Ein utopischer Roman, Zürich 1974

Payr, Fabian: Von Menschen und Mensch*innen. 20 gute Gründe, mit dem Gendern aufzuhören. Wiesbaden 2021

Pfister, René: Ein falsches Wort: Wie eine neue linke Ideologie aus Amerika unsere Meinungsfreiheit bedroht, München 2022

Pluckrose, Helen/Lindsay, James: Zynische Theorien. Wie aktivistische Wissenschaft Race, Gender und Identität über alles stellt – und warum das niemandem nützt, München 2022

Polenz, Peter von: Deutsche Sprachgeschichte. Vom Spätmittelalter bis zur Gegenwart, Bd. III, 19. und 20. Jahrhundert, Berlin, New York 1999

Porzig, Walter: Das Wunder der Sprache, München 1950

Precht Richard David/ Welzer, Harald: Die vierte Gewalt. Wie Mehrheitsmeinung gemacht wird auch wenn sie keine ist. Frankfurt/Main 2022

Pusch, Luise: Das Deutsche als Männersprache, Frankfurt/Main 1984

Raabe, Katharina/Radetzkaja, Olga: Im neuen Turm zu Babel, https://www.perlentaucher.de/essay/der-narcissistic-turn-im-neuen-turm-zu-babel-gespraech, 23.08.2021

Rubin, Gayle S.: The Traffic in Women. Notes on the ‚Political Economy' of Sex, in: Towards an Anthropology of Women, Monthly Review Press, New York 1975, S. 157-210

Ruf, Carmen: „Das Unbehagen der Geschlechter" von Judith Butler und „Queer Studies" von Sabine Hark. Norderstedt 2017

Rukaj, Sara: Die Antiquierte Frau. Vom Verschwinden des feministischen Subjekts, Berlin 2022

Schmid, Jürgen: Tote Radfahrende, in: Publico, https://publicomag.com/2021/11/tote-radfahrende

Schröter, Susanne: Global gescheitert? Der Westen zwischen Anmaßung und Selbsthaß, Freiburg 2022

Slomka, Marietta: Nachts im Kanzleramt, München 2022
Steul, Willy (Hrsg.): Genosse Journalist, Mainz 1996
Wilke, Jürgen: Presseanweisungen im zwanzigsten Jahrhundert. Erster Weltkrieg – Drittes Reich – DDR. Köln, Weimar, Wien 2007
Wurzel, Wolfgang Ulrich: Konrad Duden. Leben und Werk, Mannheim 1998
Zifonum, Gisela: Die demokratische Pflicht und das Sprachsystem. Erneute Diskussion um einen geschlechtergerechten Sprachgebrauch. In: Sprachreport Jg. 34 (2018), Nr. 34, S. 44-56